KB018423

앞으로 5년, 금융 습관 변화와 자산의 성장을 기록하고 확인하세요

저는 오랫동안 사람들이 가난해지려고 노력하는 모습을 볼 때마다 마음이 아팠습니다. 마치 누가 빨리 가난해질 수 있는지 경쟁하는 것처럼 보였습니다. '부자처럼 보이려고만 했지 정작 부자가 되기 위해 노력하는 사람들은 드물었지요. 노인층 빈곤율 세계 1위, 자살률 세계 1위 같은 수치에서 드러나듯 우리나라는 노후를 준비하지 않고 사는 사람들이 더 많습니다.

금융 지식이 전혀 없는 상태, 그러니까 '금융문맹'은 마치 질병과도 같아서 전염성과 중독성이 강하지요. 금융문맹은 가족을 힘들게 하고, 주변 사람을 전염시키고 나아가 한 나라를 병들게 합니다. 저는 이대로 가다가는 나라 전체가 큰 위기에 빠질 수도 있다고 생각했습니다. 그래서 사람들의 금융문맹 탈출을 돕기 위한 노력을 꽤 오래도록 하고 있습니다.

『존리의 금융문맹 탈출』을 펴낸 후, 많은 분들이 "금융문맹에서 탈출하게 됐다"며 감사의 인사를 전해왔습니다. 그러나 막상 어떻게 시작해야 할지 막막하다는 분들도 있었습니다. 소비를 줄이고 투자하려고 마음먹었는데 대체 어디에서 돈이 빠져나가는지 모르겠다는 분도 있었지요. 그럼에도 금융문맹에서 탈출해 부자가 되고 싶다는 마음만큼은 단단했습니다.

물론 하루아침에 소비 패턴에 변화를 주고 투자를 하는 습관을 들이기가 쉽지는 않겠지요. 부자가 되기 위해서는 소비를 줄이고 투자하는 습관을 들여야 하지요. 그리고 욕심내지 말고 '매일, 조금씩' 부자가 돼야 합니다. 어제보다는 오늘 조금 더 부자가 된다는 마음으로 아끼고 투자하는 습관을 길러야 합니다. 제가 기록을 할 수 있는 이 책을 펴낸 이유입니다.

이 책에서 저는 여러분에게 잘못된 금융 습관을 고치고 투자 원칙을 세울 수 있는 365개의 질문을 던졌습니다. 차근차근 질문에 답하다보면 소비 패턴을 파악할 수 있고 투자하는 습관을 만들 수 있습니다. 1,825개의 답을 적은 후에, 현재의 모습과 5년 후의 모습을 비교해보세요. 자산이 어느 정도 불었는지, 소비는 어떻게 변했는지, 그리고 노후를 대하는 태도가 어떻게 바뀌었는지 직접 살펴보세요.

부자는 자산을 취득하는 즐거움을 누리지만 가난한 사람은 부채를 취득하면서 즐거움을 얻습니다. 여러분이 오랜 시간 자산을 취득하는 즐거움을 누리길 간절히 바랍니다.

2021년 1월
존리
쓱 부의 세운

이 책 사용설명서

1 부자 되기 위한 첫걸음은 자산과 부채 현황을 파악하는 것으로부터 시작합니다. **'나의 자산 / 부채 현황'**을 정리해보세요.

2 오늘부터가 부자 되는 첫째 날입니다.
1부터 시작하세요.

3 가장 상단에서 금융문맹 탈출을 돕는 존리의 문장을 읽으세요.

4 존리가 던지는 질문을 읽고 대답을 떠올려보세요.

금융공백은 마치 절벽과도 같아서 그 진입장벽 공복감이 강하다.

1

[**지금 내 자산을 구체적으로 밝히자면?**]

20   년   1일 소득의 10% 금액   원   오늘 지출 금액   원

5 오늘 소득의 10% 금액과 오늘 지출 금액을 적으면서,
매일 얼마나 투자할 수 있는지, 얼마나 아꼈는지 체감하세요.

[**지금 내 자산을 구체적으로 밝히자면?**]

20   년   1일 소득의 10% 금액   원   오늘 지출 금액   원

6 질문에 대한 답을 하세요.

[지금 내 자산을 구체적으로 밝히자면?]

20   년   1일 소득의 10% 금액   원   오늘 지출 금액   원

7 5년 동안 꾸준히 답을 적다보면
조금씩 부자가 되어가고 있는 자신을 만날 수 있습니다.

나의 자산 / 부채 현황
My Financial Status
5년 동안, 어떤 소비를 했는지 어떻게 투자를 했는지
그 변화를 음미해보세요

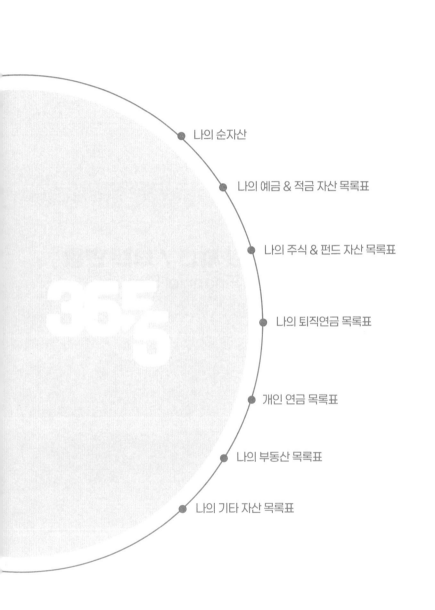

나의 순자산
My Net Worth

[금융자산]

예금/적금	주식/펀드	퇴직연금	개인연금/IRP	보험
⊕ 원	⊕ 원	⊕ 원	⊕ 원	원

Total　　원 [　%]

[부동산]

Total　　원 [　%]

[부채]

Total　　원 [　%]

[기타]

Total　　원 [　%]

나의 순자산
Net Asset Value

원 [　%]

나의 예금 & 적금 자산 목록표

은행명	계좌번호	예금 / 적금	금액
		예금 / 적금	
		예금 / 적금	
		예금 / 적금	
		예금 / 적금	
		예금 / 적금	
		예금 / 적금	
		예금 / 적금	
		예금 / 적금	
		예금 / 적금	
		예금 / 적금	
		예금 / 적금	
		예금 / 적금	

총 금액 Total   원

나의 주식 & 펀드 자산 목록표

[은행]

은행명	펀드명	좌수 가격	좌수	금액
			Total	원

[증권사]

증권사	주식/ 펀드명	주당/좌수가격	주식수/ 좌수	금액
			Total	원

[자산운용사]

자산운용사	주식/ 펀드명	주당/좌수가격	주식수/ 좌수	금액
			Total	원

총 금액 Grand Total 원

나의 퇴직연금 목록표

[퇴직연금 DC형]

사업자	상품 / 펀드명	금액
	Total	원

[퇴직연금 DB형]

개요	현재 퇴직금 추정 금액
	Total 원

총 금액 Total   원

개인 연금 목록표 (연금저축펀드 / IRP)

[연금 저축 보험]

보험 회사	증권 번호	금액
	Total	원

[연금 저축 펀드]

자산운용사	펀드명	금액
	Total	원

[IRP Individual Retirement Pension]

사업자	상품 / 펀드명	금액
	Total	원

총 금액 Total 원

나의 부동산 목록표

[부동산 거주용]

주소	시가	담보 대출	순자산 가치
		Total	원

[부동산 투자용]

주소	시가	담보 대출	순자산 가치
		Total	원

총 금액 Total   원

나의 기타 자산 목록표

종류	금액

총 금액 Total   원

나의 생각 기록표

존리의 부자 되기
365개의 질문들

5년 동안, 같은 질문에 그때마다 답하며
소비·투자 변화를 몸으로 느껴보세요.

1

[지금 내 자산을 구체적으로 밝히자면?]

20   년   1일 소득의 10% 금액   원 오늘 지출 금액   원

20   년   1일 소득의 10% 금액   원 오늘 지출 금액   원

20   년   1일 소득의 10% 금액   원 오늘 지출 금액   원

20   년   1일 소득의 10% 금액   원 오늘 지출 금액   원

20   년   1일 소득의 10% 금액   원 오늘 지출 금액   원

2

[부자가 되면 무엇이 하고 싶은가?]

20   년   1일 소득의 10% 금액   원   오늘 지출 금액   원

20   년   1일 소득의 10% 금액   원   오늘 지출 금액   원

20   년   1일 소득의 10% 금액   원   오늘 지출 금액   원

20   년   1일 소득의 10% 금액   원   오늘 지출 금액   원

20   년   1일 소득의 10% 금액   원   오늘 지출 금액   원

3

내가 가진 나쁜 빚, 좋은 빚을 정리하자면?

20 년	1일 소득의 10% 금액	원	오늘 지출 금액	원

20 년	1일 소득의 10% 금액	원	오늘 지출 금액	원

20 년	1일 소득의 10% 금액	원	오늘 지출 금액	원

20 년	1일 소득의 10% 금액	원	오늘 지출 금액	원

20 년	1일 소득의 10% 금액	원	오늘 지출 금액	원

4

[올해 줄일 수 있는 소비는 무엇인가?]

20 　년　　1일 소득의 10% 금액　　원　오늘 지출 금액　　원

20 　년　　1일 소득의 10% 금액　　원　오늘 지출 금액　　원

20 　년　　1일 소득의 10% 금액　　원　오늘 지출 금액　　원

20 　년　　1일 소득의 10% 금액　　원　오늘 지출 금액　　원

20 　년　　1일 소득의 10% 금액　　원　오늘 지출 금액　　원

5

한 달에 고정적으로 나가는 비용은?

20	년	1일 소득의 10% 금액	원	오늘 지출 금액	원

20	년	1일 소득의 10% 금액	원	오늘 지출 금액	원

20	년	1일 소득의 10% 금액	원	오늘 지출 금액	원

20	년	1일 소득의 10% 금액	원	오늘 지출 금액	원

20	년	1일 소득의 10% 금액	원	오늘 지출 금액	원

6

부자의 기준은 무엇일까?

20   년   1일 소득의 10% 금액   원 오늘 지출 금액   원

20   년   1일 소득의 10% 금액   원 오늘 지출 금액   원

20   년   1일 소득의 10% 금액   원 오늘 지출 금액   원

20   년   1일 소득의 10% 금액   원 오늘 지출 금액   원

20   년   1일 소득의 10% 금액   원 오늘 지출 금액   원

7

[올해 주식 투자를 해야 할까?]

20 년	1일 소득의 10% 금액	원	오늘 지출 금액	원

20 년	1일 소득의 10% 금액	원	오늘 지출 금액	원

20 년	1일 소득의 10% 금액	원	오늘 지출 금액	원

20 년	1일 소득의 10% 금액	원	오늘 지출 금액	원

20 년	1일 소득의 10% 금액	원	오늘 지출 금액	원

8

[이번 달에 얼마를 모을 수 있을까?]

20   년   1일 소득의 10% 금액   원 오늘 지출 금액   원

20   년   1일 소득의 10% 금액   원 오늘 지출 금액   원

20   년   1일 소득의 10% 금액   원 오늘 지출 금액   원

20   년   1일 소득의 10% 금액   원 오늘 지출 금액   원

20   년   1일 소득의 10% 금액   원 오늘 지출 금액   원

9

내가 산 물건 중 가장 후회했던 물건들은?

20　　년　　1일 소득의 10% 금액　　　원　오늘 지출 금액　　　원

20　　년　　1일 소득의 10% 금액　　　원　오늘 지출 금액　　　원

20　　년　　1일 소득의 10% 금액　　　원　오늘 지출 금액　　　원

20　　년　　1일 소득의 10% 금액　　　원　오늘 지출 금액　　　원

20　　년　　1일 소득의 10% 금액　　　원　오늘 지출 금액　　　원

10

[창업에 대해 생각한 적이 있나?]

20 　 년 　 1일 소득의 10% 금액 　 원 　 오늘 지출 금액 　 원

20 　 년 　 1일 소득의 10% 금액 　 원 　 오늘 지출 금액 　 원

20 　 년 　 1일 소득의 10% 금액 　 원 　 오늘 지출 금액 　 원

20 　 년 　 1일 소득의 10% 금액 　 원 　 오늘 지출 금액 　 원

20 　 년 　 1일 소득의 10% 금액 　 원 　 오늘 지출 금액 　 원

11

[나는 생일선물로 ○○○을 주기로 했다.]

20 년	1일 소득의 10% 금액	원	오늘 지출 금액	원

20 년	1일 소득의 10% 금액	원	오늘 지출 금액	원

20 년	1일 소득의 10% 금액	원	오늘 지출 금액	원

20 년	1일 소득의 10% 금액	원	오늘 지출 금액	원

20 년	1일 소득의 10% 금액	원	오늘 지출 금액	원

12

[작년에 하지 못해 아쉬웠던 투자는?]

20 년　1일 소득의 10% 금액　　원　오늘 지출 금액　　원

20 년　1일 소득의 10% 금액　　원　오늘 지출 금액　　원

20 년　1일 소득의 10% 금액　　원　오늘 지출 금액　　원

20 년　1일 소득의 10% 금액　　원　오늘 지출 금액　　원

20 년　1일 소득의 10% 금액　　원　오늘 지출 금액　　원

13

[내가 하고 있는 장기투자는 어떤 것?]

20	년	1일 소득의 10% 금액	원	오늘 지출 금액	원

20	년	1일 소득의 10% 금액	원	오늘 지출 금액	원

20	년	1일 소득의 10% 금액	원	오늘 지출 금액	원

20	년	1일 소득의 10% 금액	원	오늘 지출 금액	원

20	년	1일 소득의 10% 금액	원	오늘 지출 금액	원

14

부자가 되고 싶은가?

20   년   1일 소득의 10% 금액   원   오늘 지출 금액   원

20   년   1일 소득의 10% 금액   원   오늘 지출 금액   원

20   년   1일 소득의 10% 금액   원   오늘 지출 금액   원

20   년   1일 소득의 10% 금액   원   오늘 지출 금액   원

20   년   1일 소득의 10% 금액   원   오늘 지출 금액   원

15

[나에게 있어 투자란 ○○○이다.]

| 20 | 년 | 1일 소득의 10% 금액 | 원 | 오늘 지출 금액 | 원 |

| 20 | 년 | 1일 소득의 10% 금액 | 원 | 오늘 지출 금액 | 원 |

| 20 | 년 | 1일 소득의 10% 금액 | 원 | 오늘 지출 금액 | 원 |

| 20 | 년 | 1일 소득의 10% 금액 | 원 | 오늘 지출 금액 | 원 |

| 20 | 년 | 1일 소득의 10% 금액 | 원 | 오늘 지출 금액 | 원 |

16

[지금 나는 ○○○의 전문가다.]

20	년	1일 소득의 10% 금액	원	오늘 지출 금액	원

20	년	1일 소득의 10% 금액	원	오늘 지출 금액	원

20	년	1일 소득의 10% 금액	원	오늘 지출 금액	원

20	년	1일 소득의 10% 금액	원	오늘 지출 금액	원

20	년	1일 소득의 10% 금액	원	오늘 지출 금액	원

17

[요즘 투자하고 싶은 회사는?]

20   년   1일 소득의 10% 금액   원   오늘 지출 금액   원

20   년   1일 소득의 10% 금액   원   오늘 지출 금액   원

20   년   1일 소득의 10% 금액   원   오늘 지출 금액   원

20   년   1일 소득의 10% 금액   원   오늘 지출 금액   원

20   년   1일 소득의 10% 금액   원   오늘 지출 금액   원

18

[나는 ○○○주식을 작년에 사지 못해 후회한다.]

20　　년　　1일 소득의 10% 금액　　원　오늘 지출 금액　　원

20　　년　　1일 소득의 10% 금액　　원　오늘 지출 금액　　원

20　　년　　1일 소득의 10% 금액　　원　오늘 지출 금액　　원

20　　년　　1일 소득의 10% 금액　　원　오늘 지출 금액　　원

20　　년　　1일 소득의 10% 금액　　원　오늘 지출 금액　　원

19

[내가 가장 좋아하는 CEO는?]

20 년	1일 소득의 10% 금액	원	오늘 지출 금액	원

20 년	1일 소득의 10% 금액	원	오늘 지출 금액	원

20 년	1일 소득의 10% 금액	원	오늘 지출 금액	원

20 년	1일 소득의 10% 금액	원	오늘 지출 금액	원

20 년	1일 소득의 10% 금액	원	오늘 지출 금액	원

20

[**이달 월급날에 가장 하고 싶은 일은?**]

20   년   1일 소득의 10% 금액   원   오늘 지출 금액   원

---

20   년   1일 소득의 10% 금액   원   오늘 지출 금액   원

---

20   년   1일 소득의 10% 금액   원   오늘 지출 금액   원

---

20   년   1일 소득의 10% 금액   원   오늘 지출 금액   원

---

20   년   1일 소득의 10% 금액   원   오늘 지출 금액   원

21

100만 원이 하늘에서 떨어진다면
어디에 쓰겠는가?

20	년	1일 소득의 10% 금액	원	오늘 지출 금액	원

20	년	1일 소득의 10% 금액	원	오늘 지출 금액	원

20	년	1일 소득의 10% 금액	원	오늘 지출 금액	원

20	년	1일 소득의 10% 금액	원	오늘 지출 금액	원

20	년	1일 소득의 10% 금액	원	오늘 지출 금액	원

22

[요즘 출근하면서 드는 생각은?]

20   년   1일 소득의 10% 금액   원   오늘 지출 금액   원

20   년   1일 소득의 10% 금액   원   오늘 지출 금액   원

20   년   1일 소득의 10% 금액   원   오늘 지출 금액   원

20   년   1일 소득의 10% 금액   원   오늘 지출 금액   원

20   년   1일 소득의 10% 금액   원   오늘 지출 금액   원

23

[요즘 퇴근하면서 드는 생각은?]

| 20 | 년 | 1일 소득의 10% 금액 | 원 | 오늘 지출 금액 | 원 |

| 20 | 년 | 1일 소득의 10% 금액 | 원 | 오늘 지출 금액 | 원 |

| 20 | 년 | 1일 소득의 10% 금액 | 원 | 오늘 지출 금액 | 원 |

| 20 | 년 | 1일 소득의 10% 금액 | 원 | 오늘 지출 금액 | 원 |

| 20 | 년 | 1일 소득의 10% 금액 | 원 | 오늘 지출 금액 | 원 |

24

노후 준비는 하고 있나?

20 년　1일 소득의 10% 금액　원　오늘 지출 금액　원

20 년　1일 소득의 10% 금액　원　오늘 지출 금액　원

20 년　1일 소득의 10% 금액　원　오늘 지출 금액　원

20 년　1일 소득의 10% 금액　원　오늘 지출 금액　원

20 년　1일 소득의 10% 금액　원　오늘 지출 금액　원

25

지금까지 사서 가장 행복했던 물건들은?

20	년	1일 소득의 10% 금액	원	오늘 지출 금액	원

20	년	1일 소득의 10% 금액	원	오늘 지출 금액	원

20	년	1일 소득의 10% 금액	원	오늘 지출 금액	원

20	년	1일 소득의 10% 금액	원	오늘 지출 금액	원

20	년	1일 소득의 10% 금액	원	오늘 지출 금액	원

26

[주말에 뭘 해야 돈을 아낄 수 있을까?]

20   년   1일 소득의 10% 금액   원   오늘 지출 금액   원

20   년   1일 소득의 10% 금액   원   오늘 지출 금액   원

20   년   1일 소득의 10% 금액   원   오늘 지출 금액   원

20   년   1일 소득의 10% 금액   원   오늘 지출 금액   원

20   년   1일 소득의 10% 금액   원   오늘 지출 금액   원

27

[돈이 없어서 불행했던 경험이 있는가?]

20   년   1일 소득의 10% 금액   원   오늘 지출 금액   원

20   년   1일 소득의 10% 금액   원   오늘 지출 금액   원

20   년   1일 소득의 10% 금액   원   오늘 지출 금액   원

20   년   1일 소득의 10% 금액   원   오늘 지출 금액   원

20   년   1일 소득의 10% 금액   원   오늘 지출 금액   원

28

[어렸을 때 어떤 교육을 받았다면
내가 부자가 되었을까?]

20	년	1일 소득의 10% 금액	원	오늘 지출 금액	원

20	년	1일 소득의 10% 금액	원	오늘 지출 금액	원

20	년	1일 소득의 10% 금액	원	오늘 지출 금액	원

20	년	1일 소득의 10% 금액	원	오늘 지출 금액	원

20	년	1일 소득의 10% 금액	원	오늘 지출 금액	원

29

[창업을 구체적으로 계획한다면?]

20	년	1일 소득의 10% 금액	원	오늘 지출 금액	원

20	년	1일 소득의 10% 금액	원	오늘 지출 금액	원

20	년	1일 소득의 10% 금액	원	오늘 지출 금액	원

20	년	1일 소득의 10% 금액	원	오늘 지출 금액	원

20	년	1일 소득의 10% 금액	원	오늘 지출 금액	원

30

[집을 사야 할까?]

20 년 　1일 소득의 10% 금액 　원 　오늘 지출 금액 　원

20 년 　1일 소득의 10% 금액 　원 　오늘 지출 금액 　원

20 년 　1일 소득의 10% 금액 　원 　오늘 지출 금액 　원

20 년 　1일 소득의 10% 금액 　원 　오늘 지출 금액 　원

20 년 　1일 소득의 10% 금액 　원 　오늘 지출 금액 　원

31

[부자는 어떤 일에서 행복을 느낄까?]

20 년	1일 소득의 10% 금액	원	오늘 지출 금액	원

---

20 년	1일 소득의 10% 금액	원	오늘 지출 금액	원

---

20 년	1일 소득의 10% 금액	원	오늘 지출 금액	원

---

20 년	1일 소득의 10% 금액	원	오늘 지출 금액	원

---

20 년	1일 소득의 10% 금액	원	오늘 지출 금액	원

32

[이달의 소비 중 가장 의미 있는 것은?]

20   년   1일 소득의 10% 금액   원   오늘 지출 금액   원

20   년   1일 소득의 10% 금액   원   오늘 지출 금액   원

20   년   1일 소득의 10% 금액   원   오늘 지출 금액   원

20   년   1일 소득의 10% 금액   원   오늘 지출 금액   원

20   년   1일 소득의 10% 금액   원   오늘 지출 금액   원

33

지금 현재 월급(매출)의 몇 %를
투자할 수 있을까?

20 년	1일 소득의 10% 금액	원	오늘 지출 금액	원

20 년	1일 소득의 10% 금액	원	오늘 지출 금액	원

20 년	1일 소득의 10% 금액	원	오늘 지출 금액	원

20 년	1일 소득의 10% 금액	원	오늘 지출 금액	원

20 년	1일 소득의 10% 금액	원	오늘 지출 금액	원

34

오늘 읽은 경제 기사를 생각나는 대로 적어보자.

20　　년　　1일 소득의 10% 금액　　　　원　오늘 지출 금액　　　원

20　　년　　1일 소득의 10% 금액　　　　원　오늘 지출 금액　　　원

20　　년　　1일 소득의 10% 금액　　　　원　오늘 지출 금액　　　원

20　　년　　1일 소득의 10% 금액　　　　원　오늘 지출 금액　　　원

20　　년　　1일 소득의 10% 금액　　　　원　오늘 지출 금액　　　원

35

[**나는 은퇴 후에 ○○○에 살고 싶다.**]

20	년	1일 소득의 10% 금액	원	오늘 지출 금액	원

20	년	1일 소득의 10% 금액	원	오늘 지출 금액	원

20	년	1일 소득의 10% 금액	원	오늘 지출 금액	원

20	년	1일 소득의 10% 금액	원	오늘 지출 금액	원

20	년	1일 소득의 10% 금액	원	오늘 지출 금액	원

36

주말에 하고 싶은 일은?

20 년	1일 소득의 10% 금액 원	오늘 지출 금액 원

20 년	1일 소득의 10% 금액 원	오늘 지출 금액 원

20 년	1일 소득의 10% 금액 원	오늘 지출 금액 원

20 년	1일 소득의 10% 금액 원	오늘 지출 금액 원

20 년	1일 소득의 10% 금액 원	오늘 지출 금액 원

37

[내 소비로 인해
가장 돈을 벌고 있는 사람(회사)은?]

20	년	1일 소득의 10% 금액	원	오늘 지출 금액	원

20	년	1일 소득의 10% 금액	원	오늘 지출 금액	원

20	년	1일 소득의 10% 금액	원	오늘 지출 금액	원

20	년	1일 소득의 10% 금액	원	오늘 지출 금액	원

20	년	1일 소득의 10% 금액	원	오늘 지출 금액	원

38

[내가 오늘 편의점에서 구입한 물건들은?]

20   년   1일 소득의 10% 금액   원   오늘 지출 금액   원

20   년   1일 소득의 10% 금액   원   오늘 지출 금액   원

20   년   1일 소득의 10% 금액   원   오늘 지출 금액   원

20   년   1일 소득의 10% 금액   원   오늘 지출 금액   원

20   년   1일 소득의 10% 금액   원   오늘 지출 금액   원

39

지난 달 내가 한 소비 중에
가장 나쁜 소비는 무엇일까?

| 20 년 | 1일 소득의 10% 금액 | 원 | 오늘 지출 금액 | 원 |

| 20 년 | 1일 소득의 10% 금액 | 원 | 오늘 지출 금액 | 원 |

| 20 년 | 1일 소득의 10% 금액 | 원 | 오늘 지출 금액 | 원 |

| 20 년 | 1일 소득의 10% 금액 | 원 | 오늘 지출 금액 | 원 |

| 20 년 | 1일 소득의 10% 금액 | 원 | 오늘 지출 금액 | 원 |

40

[결제 중인 구독 서비스는 몇 개인가?]

20	년	1일 소득의 10% 금액	원	오늘 지출 금액	원

20	년	1일 소득의 10% 금액	원	오늘 지출 금액	원

20	년	1일 소득의 10% 금액	원	오늘 지출 금액	원

20	년	1일 소득의 10% 금액	원	오늘 지출 금액	원

20	년	1일 소득의 10% 금액	원	오늘 지출 금액	원

41

[결제 중인 구독 서비스를
하루에 몇 분이나 사용하는가?]

20　년　1일 소득의 10% 금액　　원　오늘 지출 금액　　원

20　년　1일 소득의 10% 금액　　원　오늘 지출 금액　　원

20　년　1일 소득의 10% 금액　　원　오늘 지출 금액　　원

20　년　1일 소득의 10% 금액　　원　오늘 지출 금액　　원

20　년　1일 소득의 10% 금액　　원　오늘 지출 금액　　원

42

내 통장의 개수와 각각의 용도는 무엇일까?

20　년　1일 소득의 10% 금액　원　오늘 지출 금액　원

20　년　1일 소득의 10% 금액　원　오늘 지출 금액　원

20　년　1일 소득의 10% 금액　원　오늘 지출 금액　원

20　년　1일 소득의 10% 금액　원　오늘 지출 금액　원

20　년　1일 소득의 10% 금액　원　오늘 지출 금액　원

43

지금 냉장고에서 가장 오래 보관 중인 식품은?

20 년	1일 소득의 10% 금액	원	오늘 지출 금액	원

20 년	1일 소득의 10% 금액	원	오늘 지출 금액	원

20 년	1일 소득의 10% 금액	원	오늘 지출 금액	원

20 년	1일 소득의 10% 금액	원	오늘 지출 금액	원

20 년	1일 소득의 10% 금액	원	오늘 지출 금액	원

44

[내가 가장 자주 사고 자주 먹는 음식은?]

20 년 1일 소득의 10% 금액   원 오늘 지출 금액   원

20 년 1일 소득의 10% 금액   원 오늘 지출 금액   원

20 년 1일 소득의 10% 금액   원 오늘 지출 금액   원

20 년 1일 소득의 10% 금액   원 오늘 지출 금액   원

20 년 1일 소득의 10% 금액   원 오늘 지출 금액   원

45

저렴하지만 가장 영양가 있는
하루 식단을 짜보자.

20	년	1일 소득의 10% 금액	원	오늘 지출 금액	원

20	년	1일 소득의 10% 금액	원	오늘 지출 금액	원

20	년	1일 소득의 10% 금액	원	오늘 지출 금액	원

20	년	1일 소득의 10% 금액	원	오늘 지출 금액	원

20	년	1일 소득의 10% 금액	원	오늘 지출 금액	원

46

[내 소장욕을 불러일으키는 물건은?]

20 년	1일 소득의 10% 금액	원	오늘 지출 금액	원

20 년	1일 소득의 10% 금액	원	오늘 지출 금액	원

20 년	1일 소득의 10% 금액	원	오늘 지출 금액	원

20 년	1일 소득의 10% 금액	원	오늘 지출 금액	원

20 년	1일 소득의 10% 금액	원	오늘 지출 금액	원

47

[○○○때문에 이 친구가 부럽다.]

20	년	1일 소득의 10% 금액	원	오늘 지출 금액	원

20	년	1일 소득의 10% 금액	원	오늘 지출 금액	원

20	년	1일 소득의 10% 금액	원	오늘 지출 금액	원

20	년	1일 소득의 10% 금액	원	오늘 지출 금액	원

20	년	1일 소득의 10% 금액	원	오늘 지출 금액	원

48

지금 다니는 회사에서 내 위치는 어느 정도인가?

20	년	1일 소득의 10% 금액	원	오늘 지출 금액	원

20	년	1일 소득의 10% 금액	원	오늘 지출 금액	원

20	년	1일 소득의 10% 금액	원	오늘 지출 금액	원

20	년	1일 소득의 10% 금액	원	오늘 지출 금액	원

20	년	1일 소득의 10% 금액	원	오늘 지출 금액	원

49

지금 다니는 회사에서
내 능력을 인정받고 있는가?

20	년	1일 소득의 10% 금액	원	오늘 지출 금액	원

20	년	1일 소득의 10% 금액	원	오늘 지출 금액	원

20	년	1일 소득의 10% 금액	원	오늘 지출 금액	원

20	년	1일 소득의 10% 금액	원	오늘 지출 금액	원

20	년	1일 소득의 10% 금액	원	오늘 지출 금액	원

50

[**설이나 추석 때 쓰는 비용을 계산해보자.**]

20	년	1일 소득의 10% 금액	원	오늘 지출 금액	원

20	년	1일 소득의 10% 금액	원	오늘 지출 금액	원

20	년	1일 소득의 10% 금액	원	오늘 지출 금액	원

20	년	1일 소득의 10% 금액	원	오늘 지출 금액	원

20	년	1일 소득의 10% 금액	원	오늘 지출 금액	원

51

[쓰고 있는 통신 요금은 얼마인가?
데이터를 전부 쓰고 있는가?]

| 20 | 년 | 1일 소득의 10% 금액 | 원 | 오늘 지출 금액 | 원 |

| 20 | 년 | 1일 소득의 10% 금액 | 원 | 오늘 지출 금액 | 원 |

| 20 | 년 | 1일 소득의 10% 금액 | 원 | 오늘 지출 금액 | 원 |

| 20 | 년 | 1일 소득의 10% 금액 | 원 | 오늘 지출 금액 | 원 |

| 20 | 년 | 1일 소득의 10% 금액 | 원 | 오늘 지출 금액 | 원 |

52

[
스마트폰을 얼마나 자주 바꾸는가?
바꾸는 이유는?
]

20 년	1일 소득의 10% 금액	원	오늘 지출 금액	원

20 년	1일 소득의 10% 금액	원	오늘 지출 금액	원

20 년	1일 소득의 10% 금액	원	오늘 지출 금액	원

20 년	1일 소득의 10% 금액	원	오늘 지출 금액	원

20 년	1일 소득의 10% 금액	원	오늘 지출 금액	원

53

[신용카드를 하루에 몇 번이나 긁고 있는가?]

20   년   1일 소득의 10% 금액   원   오늘 지출 금액   원

20   년   1일 소득의 10% 금액   원   오늘 지출 금액   원

20   년   1일 소득의 10% 금액   원   오늘 지출 금액   원

20   년   1일 소득의 10% 금액   원   오늘 지출 금액   원

20   년   1일 소득의 10% 금액   원   오늘 지출 금액   원

54

방을 둘러보자.
자주 쓰지 않는 물건을 기록해보자.

20 년	1일 소득의 10% 금액	원	오늘 지출 금액	원

20 년	1일 소득의 10% 금액	원	오늘 지출 금액	원

20 년	1일 소득의 10% 금액	원	오늘 지출 금액	원

20 년	1일 소득의 10% 금액	원	오늘 지출 금액	원

20 년	1일 소득의 10% 금액	원	오늘 지출 금액	원

55

[나의 학업에 들어간 비용이
어느 정도인지 알고 있는가?]

20 년	1일 소득의 10% 금액	원	오늘 지출 금액	원

20 년	1일 소득의 10% 금액	원	오늘 지출 금액	원

20 년	1일 소득의 10% 금액	원	오늘 지출 금액	원

20 년	1일 소득의 10% 금액	원	오늘 지출 금액	원

20 년	1일 소득의 10% 금액	원	오늘 지출 금액	원

내가 생각하는 투자하기 좋은 기업은 부가가치를 현저히 창출할 수 있는 기업이다.

56

[목돈이 생기면 나는 ○○○에 투자하고 싶다.]

20 년 1일 소득의 10% 금액 원 오늘 지출 금액 원

20 년 1일 소득의 10% 금액 원 오늘 지출 금액 원

20 년 1일 소득의 10% 금액 원 오늘 지출 금액 원

20 년 1일 소득의 10% 금액 원 오늘 지출 금액 원

20 년 1일 소득의 10% 금액 원 오늘 지출 금액 원

57

[큰돈을 잃은 경험이 있는가?]

20 년　　1일 소득의 10% 금액　　원　오늘 지출 금액　　원

20 년　　1일 소득의 10% 금액　　원　오늘 지출 금액　　원

20 년　　1일 소득의 10% 금액　　원　오늘 지출 금액　　원

20 년　　1일 소득의 10% 금액　　원　오늘 지출 금액　　원

20 년　　1일 소득의 10% 금액　　원　오늘 지출 금액　　원

58

대중교통을 하루에 몇 번이나 이용하고 있을까?

20	년	1일 소득의 10% 금액	원	오늘 지출 금액	원

20	년	1일 소득의 10% 금액	원	오늘 지출 금액	원

20	년	1일 소득의 10% 금액	원	오늘 지출 금액	원

20	년	1일 소득의 10% 금액	원	오늘 지출 금액	원

20	년	1일 소득의 10% 금액	원	오늘 지출 금액	원

59

[한 달 동안 점심값으로
얼마나 썼는지 계산해보자.]

20 년	1일 소득의 10% 금액	원	오늘 지출 금액	원

20 년	1일 소득의 10% 금액	원	오늘 지출 금액	원

20 년	1일 소득의 10% 금액	원	오늘 지출 금액	원

20 년	1일 소득의 10% 금액	원	오늘 지출 금액	원

20 년	1일 소득의 10% 금액	원	오늘 지출 금액	원

아이가 열 살 때 주식을 산다면 서른 살에 이르러서는 무려 20년 장기투자를 실행한 셈이 된다.

60

[60일이 지났다. 내 소비 습관은 변했는가?]

20	년	1일 소득의 10% 금액	원	오늘 지출 금액	원

20	년	1일 소득의 10% 금액	원	오늘 지출 금액	원

20	년	1일 소득의 10% 금액	원	오늘 지출 금액	원

20	년	1일 소득의 10% 금액	원	오늘 지출 금액	원

20	년	1일 소득의 10% 금액	원	오늘 지출 금액	원

61

[투자하기 위해 공부를 하고 있는가?]

20 년	1일 소득의 10% 금액	원	오늘 지출 금액	원

---

20 년	1일 소득의 10% 금액	원	오늘 지출 금액	원

---

20 년	1일 소득의 10% 금액	원	오늘 지출 금액	원

---

20 년	1일 소득의 10% 금액	원	오늘 지출 금액	원

---

20 년	1일 소득의 10% 금액	원	오늘 지출 금액	원

62

나는 ○○년 후에 ○○○의 전문가가 되고 싶다.

20 년	1일 소득의 10% 금액	원	오늘 지출 금액	원

20 년	1일 소득의 10% 금액	원	오늘 지출 금액	원

20 년	1일 소득의 10% 금액	원	오늘 지출 금액	원

20 년	1일 소득의 10% 금액	원	오늘 지출 금액	원

20 년	1일 소득의 10% 금액	원	오늘 지출 금액	원

63

[해외를 여행할 땐, 어떤 부분에서
소비를 줄일 수 있을까?]

| 20 | 년 | 1일 소득의 10% 금액 | 원 | 오늘 지출 금액 | 원 |

| 20 | 년 | 1일 소득의 10% 금액 | 원 | 오늘 지출 금액 | 원 |

| 20 | 년 | 1일 소득의 10% 금액 | 원 | 오늘 지출 금액 | 원 |

| 20 | 년 | 1일 소득의 10% 금액 | 원 | 오늘 지출 금액 | 원 |

| 20 | 년 | 1일 소득의 10% 금액 | 원 | 오늘 지출 금액 | 원 |

64

나는 ○○○에 투자하기 위해 ○○○을 실천하고 있다.

20	년	1일 소득의 10% 금액	원	오늘 지출 금액	원

20	년	1일 소득의 10% 금액	원	오늘 지출 금액	원

20	년	1일 소득의 10% 금액	원	오늘 지출 금액	원

20	년	1일 소득의 10% 금액	원	오늘 지출 금액	원

20	년	1일 소득의 10% 금액	원	오늘 지출 금액	원

65

[몇 살까지 회사를 다녀야 할까?]

20	년	1일 소득의 10% 금액	원	오늘 지출 금액	원

20	년	1일 소득의 10% 금액	원	오늘 지출 금액	원

20	년	1일 소득의 10% 금액	원	오늘 지출 금액	원

20	년	1일 소득의 10% 금액	원	오늘 지출 금액	원

20	년	1일 소득의 10% 금액	원	오늘 지출 금액	원

66

연금펀드나 연금저축에 ○○○원씩 넣고 있다.
○○살에 ○○○원이 된다.

20	년	1일 소득의 10% 금액	원	오늘 지출 금액	원

20	년	1일 소득의 10% 금액	원	오늘 지출 금액	원

20	년	1일 소득의 10% 금액	원	오늘 지출 금액	원

20	년	1일 소득의 10% 금액	원	오늘 지출 금액	원

20	년	1일 소득의 10% 금액	원	오늘 지출 금액	원

67

[나의 하루에서 1시간은 ○○○원이다.]

20	년	1일 소득의 10% 금액	원	오늘 지출 금액	원

20	년	1일 소득의 10% 금액	원	오늘 지출 금액	원

20	년	1일 소득의 10% 금액	원	오늘 지출 금액	원

20	년	1일 소득의 10% 금액	원	오늘 지출 금액	원

20	년	1일 소득의 10% 금액	원	오늘 지출 금액	원

68

주방을 뒤져보자.
사놓고 쓰지 않는 식기를 나열해보자.

20	년	1일 소득의 10% 금액	원	오늘 지출 금액	원

20	년	1일 소득의 10% 금액	원	오늘 지출 금액	원

20	년	1일 소득의 10% 금액	원	오늘 지출 금액	원

20	년	1일 소득의 10% 금액	원	오늘 지출 금액	원

20	년	1일 소득의 10% 금액	원	오늘 지출 금액	원

69

[내가 꿈꾸는 집을 마음껏 그려보자.]

20	년	1일 소득의 10% 금액	원	오늘 지출 금액	원

20	년	1일 소득의 10% 금액	원	오늘 지출 금액	원

20	년	1일 소득의 10% 금액	원	오늘 지출 금액	원

20	년	1일 소득의 10% 금액	원	오늘 지출 금액	원

20	년	1일 소득의 10% 금액	원	오늘 지출 금액	원

70

[증권 사이트에 들어가보자.
오늘 사고 싶은 주식은?]

20   년   1일 소득의 10% 금액   원   오늘 지출 금액   원

20   년   1일 소득의 10% 금액   원   오늘 지출 금액   원

20   년   1일 소득의 10% 금액   원   오늘 지출 금액   원

20   년   1일 소득의 10% 금액   원   오늘 지출 금액   원

20   년   1일 소득의 10% 금액   원   오늘 지출 금액   원

71

오늘은 반드시 주식투자를 해보자.
나는 ○○○주식을 샀다.

20	년	1일 소득의 10% 금액	원	오늘 지출 금액	원

20	년	1일 소득의 10% 금액	원	오늘 지출 금액	원

20	년	1일 소득의 10% 금액	원	오늘 지출 금액	원

20	년	1일 소득의 10% 금액	원	오늘 지출 금액	원

20	년	1일 소득의 10% 금액	원	오늘 지출 금액	원

72

[한 달에 여윳돈 10만 원을 모으기 위해 무엇을 해야 할까?]

20 년	1일 소득의 10% 금액	원	오늘 지출 금액	원

20 년	1일 소득의 10% 금액	원	오늘 지출 금액	원

20 년	1일 소득의 10% 금액	원	오늘 지출 금액	원

20 년	1일 소득의 10% 금액	원	오늘 지출 금액	원

20 년	1일 소득의 10% 금액	원	오늘 지출 금액	원

펀드에 투자하게 되면 어떤 주식을 살 것인가, 언제 팔고 살 것인가 고민할 필요가 없다.

73

오늘 한국은행 기준금리는?

20 년	1일 소득의 10% 금액	원	오늘 지출 금액	원

20 년	1일 소득의 10% 금액	원	오늘 지출 금액	원

20 년	1일 소득의 10% 금액	원	오늘 지출 금액	원

20 년	1일 소득의 10% 금액	원	오늘 지출 금액	원

20 년	1일 소득의 10% 금액	원	오늘 지출 금액	원

매일 1만 원씩 투자하고 싶은 사람에게는 펀드가 좋다.

74

나는 1년 후에 ○○○원을
투자한 사람이 되고 싶다.

20	년	1일 소득의 10% 금액	원	오늘 지출 금액	원

20	년	1일 소득의 10% 금액	원	오늘 지출 금액	원

20	년	1일 소득의 10% 금액	원	오늘 지출 금액	원

20	년	1일 소득의 10% 금액	원	오늘 지출 금액	원

20	년	1일 소득의 10% 금액	원	오늘 지출 금액	원

1만 원을 투자하더라도 그 펀드가 갖고 있는 주식 수십 개 종목에 저절로 분산투자가 된다.

75

[나는 오늘부터 ○○○을 배우고 싶다.]

20	년	1일 소득의 10% 금액	원	오늘 지출 금액	원

20	년	1일 소득의 10% 금액	원	오늘 지출 금액	원

20	년	1일 소득의 10% 금액	원	오늘 지출 금액	원

20	년	1일 소득의 10% 금액	원	오늘 지출 금액	원

20	년	1일 소득의 10% 금액	원	오늘 지출 금액	원

76

나는 ○○○와 ○○○와 ○○○에 분산투자를 하고 있다.

20 년	1일 소득의 10% 금액	원	오늘 지출 금액	원

20 년	1일 소득의 10% 금액	원	오늘 지출 금액	원

20 년	1일 소득의 10% 금액	원	오늘 지출 금액	원

20 년	1일 소득의 10% 금액	원	오늘 지출 금액	원

20 년	1일 소득의 10% 금액	원	오늘 지출 금액	원

77

[오늘 환율은 1달러(USD)에 ○○○원이다.]

20 년 　1일 소득의 10% 금액　　원　오늘 지출 금액　　원

20 년 　1일 소득의 10% 금액　　원　오늘 지출 금액　　원

20 년 　1일 소득의 10% 금액　　원　오늘 지출 금액　　원

20 년 　1일 소득의 10% 금액　　원　오늘 지출 금액　　원

20 년 　1일 소득의 10% 금액　　원　오늘 지출 금액　　원

78

[오늘 코스피 지수는 얼마인가?]

20 ___ 년   1일 소득의 10% 금액 ___ 원   오늘 지출 금액 ___ 원

20 ___ 년   1일 소득의 10% 금액 ___ 원   오늘 지출 금액 ___ 원

20 ___ 년   1일 소득의 10% 금액 ___ 원   오늘 지출 금액 ___ 원

20 ___ 년   1일 소득의 10% 금액 ___ 원   오늘 지출 금액 ___ 원

20 ___ 년   1일 소득의 10% 금액 ___ 원   오늘 지출 금액 ___ 원

79

[오늘 코스닥 지수는 얼마인가?]

20	년	1일 소득의 10% 금액	원	오늘 지출 금액	원

20	년	1일 소득의 10% 금액	원	오늘 지출 금액	원

20	년	1일 소득의 10% 금액	원	오늘 지출 금액	원

20	년	1일 소득의 10% 금액	원	오늘 지출 금액	원

20	년	1일 소득의 10% 금액	원	오늘 지출 금액	원

80

요즘 사람들에게
가장 핫한 경제 이슈는 ○○○이다.

20	년	1일 소득의 10% 금액	원	오늘 지출 금액	원

20	년	1일 소득의 10% 금액	원	오늘 지출 금액	원

20	년	1일 소득의 10% 금액	원	오늘 지출 금액	원

20	년	1일 소득의 10% 금액	원	오늘 지출 금액	원

20	년	1일 소득의 10% 금액	원	오늘 지출 금액	원

81

[1년 후 내 가족의 모습을 그려보자.]

20 년	1일 소득의 10% 금액	원	오늘 지출 금액	원

20 년	1일 소득의 10% 금액	원	오늘 지출 금액	원

20 년	1일 소득의 10% 금액	원	오늘 지출 금액	원

20 년	1일 소득의 10% 금액	원	오늘 지출 금액	원

20 년	1일 소득의 10% 금액	원	오늘 지출 금액	원

82

내가 사용하는 전자기기에는 무엇이 있을까? 각각의 평균 사용 시간은?

20   년   1일 소득의 10% 금액   원   오늘 지출 금액   원

20   년   1일 소득의 10% 금액   원   오늘 지출 금액   원

20   년   1일 소득의 10% 금액   원   오늘 지출 금액   원

20   년   1일 소득의 10% 금액   원   오늘 지출 금액   원

20   년   1일 소득의 10% 금액   원   오늘 지출 금액   원

83

사용하고 있지 않은 ○○○의
중고 시세는 ○○○이다.

20	년	1일 소득의 10% 금액	원	오늘 지출 금액	원

20	년	1일 소득의 10% 금액	원	오늘 지출 금액	원

20	년	1일 소득의 10% 금액	원	오늘 지출 금액	원

20	년	1일 소득의 10% 금액	원	오늘 지출 금액	원

20	년	1일 소득의 10% 금액	원	오늘 지출 금액	원

84

옷장을 열어보자. 사서 가장 후회되는 옷은?

20 년	1일 소득의 10% 금액	원	오늘 지출 금액	원

20 년	1일 소득의 10% 금액	원	오늘 지출 금액	원

20 년	1일 소득의 10% 금액	원	오늘 지출 금액	원

20 년	1일 소득의 10% 금액	원	오늘 지출 금액	원

20 년	1일 소득의 10% 금액	원	오늘 지출 금액	원

85

[다시 옷장을 열어보자.
사서 가장 만족스러웠던 옷은?]

20 년   1일 소득의 10% 금액   원   오늘 지출 금액   원

20 년   1일 소득의 10% 금액   원   오늘 지출 금액   원

20 년   1일 소득의 10% 금액   원   오늘 지출 금액   원

20 년   1일 소득의 10% 금액   원   오늘 지출 금액   원

20 년   1일 소득의 10% 금액   원   오늘 지출 금액   원

86

[나는 월급(매출) 외에 ○○○을 해서 ○○○만큼 수익을 얻는다.]

20	년	1일 소득의 10% 금액	원	오늘 지출 금액	원

_____

_____

20	년	1일 소득의 10% 금액	원	오늘 지출 금액	원

_____

_____

20	년	1일 소득의 10% 금액	원	오늘 지출 금액	원

_____

_____

20	년	1일 소득의 10% 금액	원	오늘 지출 금액	원

_____

_____

20	년	1일 소득의 10% 금액	원	오늘 지출 금액	원

_____

_____

87

[지난 1년 결혼 축의금으로 나간 돈은?]

20	년	1일 소득의 10% 금액	원	오늘 지출 금액	원

20	년	1일 소득의 10% 금액	원	오늘 지출 금액	원

20	년	1일 소득의 10% 금액	원	오늘 지출 금액	원

20	년	1일 소득의 10% 금액	원	오늘 지출 금액	원

20	년	1일 소득의 10% 금액	원	오늘 지출 금액	원

88

지금 우리 집 거실에
○○○회사 제품이 가장 많다.

20	년	1일 소득의 10% 금액	원	오늘 지출 금액	원

20	년	1일 소득의 10% 금액	원	오늘 지출 금액	원

20	년	1일 소득의 10% 금액	원	오늘 지출 금액	원

20	년	1일 소득의 10% 금액	원	오늘 지출 금액	원

20	년	1일 소득의 10% 금액	원	오늘 지출 금액	원

여유 자금이 없다는 사람들은 다 쓰고 남은 돈을 여유 자금이라고 말한다. 그게 아니다.

89

[**나는 ○○○회사의 주인이 되고 싶다.**]

20	년	1일 소득의 10% 금액	원	오늘 지출 금액	원

20	년	1일 소득의 10% 금액	원	오늘 지출 금액	원

20	년	1일 소득의 10% 금액	원	오늘 지출 금액	원

20	년	1일 소득의 10% 금액	원	오늘 지출 금액	원

20	년	1일 소득의 10% 금액	원	오늘 지출 금액	원

90

[내가 ○○○회사의 주인이 되고 싶은 이유는
○○○때문이다.]

20 년	1일 소득의 10% 금액	원	오늘 지출 금액	원

20 년	1일 소득의 10% 금액	원	오늘 지출 금액	원

20 년	1일 소득의 10% 금액	원	오늘 지출 금액	원

20 년	1일 소득의 10% 금액	원	오늘 지출 금액	원

20 년	1일 소득의 10% 금액	원	오늘 지출 금액	원

91

[현재 나는 한 달에 ○○○원을 벌고 있다.]

20	년	1일 소득의 10% 금액	원	오늘 지출 금액	원

20	년	1일 소득의 10% 금액	원	오늘 지출 금액	원

20	년	1일 소득의 10% 금액	원	오늘 지출 금액	원

20	년	1일 소득의 10% 금액	원	오늘 지출 금액	원

20	년	1일 소득의 10% 금액	원	오늘 지출 금액	원

92

내가 생각하는 '자본주의'는 어떤 모습일까?

| 20 | 년 | 1일 소득의 10% 금액 | 원 | 오늘 지출 금액 | 원 |

| 20 | 년 | 1일 소득의 10% 금액 | 원 | 오늘 지출 금액 | 원 |

| 20 | 년 | 1일 소득의 10% 금액 | 원 | 오늘 지출 금액 | 원 |

| 20 | 년 | 1일 소득의 10% 금액 | 원 | 오늘 지출 금액 | 원 |

| 20 | 년 | 1일 소득의 10% 금액 | 원 | 오늘 지출 금액 | 원 |

93

[지금 주머니에 있는 현금은 얼마인가?]

20	년	1일 소득의 10% 금액	원	오늘 지출 금액	원

20	년	1일 소득의 10% 금액	원	오늘 지출 금액	원

20	년	1일 소득의 10% 금액	원	오늘 지출 금액	원

20	년	1일 소득의 10% 금액	원	오늘 지출 금액	원

20	년	1일 소득의 10% 금액	원	오늘 지출 금액	원

94

[신용카드로 한 달에 얼마를 쓰고 있는가?]

20 년   1일 소득의 10% 금액   원   오늘 지출 금액   원

20 년   1일 소득의 10% 금액   원   오늘 지출 금액   원

20 년   1일 소득의 10% 금액   원   오늘 지출 금액   원

20 년   1일 소득의 10% 금액   원   오늘 지출 금액   원

20 년   1일 소득의 10% 금액   원   오늘 지출 금액   원

95

[우리집 아이(들)를 위해
사교육비로 한 달에 얼마를 지출하는가?]

20	년	1일 소득의 10% 금액	원	오늘 지출 금액	원

20	년	1일 소득의 10% 금액	원	오늘 지출 금액	원

20	년	1일 소득의 10% 금액	원	오늘 지출 금액	원

20	년	1일 소득의 10% 금액	원	오늘 지출 금액	원

20	년	1일 소득의 10% 금액	원	오늘 지출 금액	원

96

[하루에 커피 한 잔을 덜 마셨다.
나는 ○○○원 투자자금을 마련했다.]

20	년	1일 소득의 10% 금액	원	오늘 지출 금액	원

20	년	1일 소득의 10% 금액	원	오늘 지출 금액	원

20	년	1일 소득의 10% 금액	원	오늘 지출 금액	원

20	년	1일 소득의 10% 금액	원	오늘 지출 금액	원

20	년	1일 소득의 10% 금액	원	오늘 지출 금액	원

97

현재 나의 신용점수는?
유지하거나 올리기 위해 해야 할 일은?

20	년	1일 소득의 10% 금액	원	오늘 지출 금액	원

20	년	1일 소득의 10% 금액	원	오늘 지출 금액	원

20	년	1일 소득의 10% 금액	원	오늘 지출 금액	원

20	년	1일 소득의 10% 금액	원	오늘 지출 금액	원

20	년	1일 소득의 10% 금액	원	오늘 지출 금액	원

98

왜 사람들은 자동차를 구입할까?

20	년	1일 소득의 10% 금액	원	오늘 지출 금액	원

20	년	1일 소득의 10% 금액	원	오늘 지출 금액	원

20	년	1일 소득의 10% 금액	원	오늘 지출 금액	원

20	년	1일 소득의 10% 금액	원	오늘 지출 금액	원

20	년	1일 소득의 10% 금액	원	오늘 지출 금액	원

99

나는 ○○○광고를 보거나 듣고
○○○을 구입한 적이 있다.

20	년	1일 소득의 10% 금액	원	오늘 지출 금액	원

20	년	1일 소득의 10% 금액	원	오늘 지출 금액	원

20	년	1일 소득의 10% 금액	원	오늘 지출 금액	원

20	년	1일 소득의 10% 금액	원	오늘 지출 금액	원

20	년	1일 소득의 10% 금액	원	오늘 지출 금액	원

100

내 취미는 ○○○이고 한 달에 ○○○원이 든다.

20 년	1일 소득의 10% 금액	원	오늘 지출 금액	원

20 년	1일 소득의 10% 금액	원	오늘 지출 금액	원

20 년	1일 소득의 10% 금액	원	오늘 지출 금액	원

20 년	1일 소득의 10% 금액	원	오늘 지출 금액	원

20 년	1일 소득의 10% 금액	원	오늘 지출 금액	원

101

[나는 운동을 하고 있고 한 달에 ○○○원이 든다.]

20 년	1일 소득의 10% 금액	원	오늘 지출 금액	원

20 년	1일 소득의 10% 금액	원	오늘 지출 금액	원

20 년	1일 소득의 10% 금액	원	오늘 지출 금액	원

20 년	1일 소득의 10% 금액	원	오늘 지출 금액	원

20 년	1일 소득의 10% 금액	원	오늘 지출 금액	원

102

[지금 내 수입의 10%는 ○○○원이다.]

20 년	1일 소득의 10% 금액	원	오늘 지출 금액	원

20 년	1일 소득의 10% 금액	원	오늘 지출 금액	원

20 년	1일 소득의 10% 금액	원	오늘 지출 금액	원

20 년	1일 소득의 10% 금액	원	오늘 지출 금액	원

20 년	1일 소득의 10% 금액	원	오늘 지출 금액	원

103

[주식을 사서 시세창을 하루에 몇 번이나
보고 있는가? 과연 옳은 일일까?]

20 년	1일 소득의 10% 금액	원	오늘 지출 금액	원

20 년	1일 소득의 10% 금액	원	오늘 지출 금액	원

20 년	1일 소득의 10% 금액	원	오늘 지출 금액	원

20 년	1일 소득의 10% 금액	원	오늘 지출 금액	원

20 년	1일 소득의 10% 금액	원	오늘 지출 금액	원

104

나는 지금까지 주식투자를
○○○이라고 생각했다.

[　　　　　　　　　　　　　　　　　　　　]

20	년	1일 소득의 10% 금액	원	오늘 지출 금액	원

20	년	1일 소득의 10% 금액	원	오늘 지출 금액	원

20	년	1일 소득의 10% 금액	원	오늘 지출 금액	원

20	년	1일 소득의 10% 금액	원	오늘 지출 금액	원

20	년	1일 소득의 10% 금액	원	오늘 지출 금액	원

부동산 매입이 유리한지, 월세로 사는 것이 유리한지 제대로 따지는 사람이 드물다.

105

나는 지금까지 ○○○번이나
단기투자 유혹을 받은 적 있다.

20 년	1일 소득의 10% 금액	원	오늘 지출 금액	원

20 년	1일 소득의 10% 금액	원	오늘 지출 금액	원

20 년	1일 소득의 10% 금액	원	오늘 지출 금액	원

20 년	1일 소득의 10% 금액	원	오늘 지출 금액	원

20 년	1일 소득의 10% 금액	원	오늘 지출 금액	원

106

나는 일주일에 ○○번씩
야식으로 ○○을 시켜먹는다.

20	년	1일 소득의 10% 금액	원	오늘 지출 금액	원

20	년	1일 소득의 10% 금액	원	오늘 지출 금액	원

20	년	1일 소득의 10% 금액	원	오늘 지출 금액	원

20	년	1일 소득의 10% 금액	원	오늘 지출 금액	원

20	년	1일 소득의 10% 금액	원	오늘 지출 금액	원

107

[배달 앱에 들어가서
지난 1달간 배달 시킨 음식과 가격을 적어보자.]

20	년	1일 소득의 10% 금액	원	오늘 지출 금액	원

20	년	1일 소득의 10% 금액	원	오늘 지출 금액	원

20	년	1일 소득의 10% 금액	원	오늘 지출 금액	원

20	년	1일 소득의 10% 금액	원	오늘 지출 금액	원

20	년	1일 소득의 10% 금액	원	오늘 지출 금액	원

108

지인들에게 주식투자한다고 말해보자. 반응은?

20   년   1일 소득의 10% 금액   원 오늘 지출 금액   원

20   년   1일 소득의 10% 금액   원 오늘 지출 금액   원

20   년   1일 소득의 10% 금액   원 오늘 지출 금액   원

20   년   1일 소득의 10% 금액   원 오늘 지출 금액   원

20   년   1일 소득의 10% 금액   원 오늘 지출 금액   원

109

"돈이 나를 위해 일하게 하라."
이 말의 뜻이 무엇일까.

20	년	1일 소득의 10% 금액	원	오늘 지출 금액	원

20	년	1일 소득의 10% 금액	원	오늘 지출 금액	원

20	년	1일 소득의 10% 금액	원	오늘 지출 금액	원

20	년	1일 소득의 10% 금액	원	오늘 지출 금액	원

20	년	1일 소득의 10% 금액	원	오늘 지출 금액	원

110

내 금융문맹 수준에 점수를 매겨보자.
(100점에 가까울수록 금융문맹)

20　　년　　1일 소득의 10% 금액　　　　원　오늘 지출 금액　　　　원

20　　년　　1일 소득의 10% 금액　　　　원　오늘 지출 금액　　　　원

20　　년　　1일 소득의 10% 금액　　　　원　오늘 지출 금액　　　　원

20　　년　　1일 소득의 10% 금액　　　　원　오늘 지출 금액　　　　원

20　　년　　1일 소득의 10% 금액　　　　원　오늘 지출 금액　　　　원

111

최근 대형마트를 이용했을 때
구입한 물건의 목록을 적어보자.

20	년	1일 소득의 10% 금액	원	오늘 지출 금액	원

20	년	1일 소득의 10% 금액	원	오늘 지출 금액	원

20	년	1일 소득의 10% 금액	원	오늘 지출 금액	원

20	년	1일 소득의 10% 금액	원	오늘 지출 금액	원

20	년	1일 소득의 10% 금액	원	오늘 지출 금액	원

112

평생 단 한 번이라도 보고 싶은 여행지에 가려면 경비가 얼마나 필요한가?

20	년	1일 소득의 10% 금액	원	오늘 지출 금액	원

20	년	1일 소득의 10% 금액	원	오늘 지출 금액	원

20	년	1일 소득의 10% 금액	원	오늘 지출 금액	원

20	년	1일 소득의 10% 금액	원	오늘 지출 금액	원

20	년	1일 소득의 10% 금액	원	오늘 지출 금액	원

113

[자기계발을 위해 나에게 무엇을 투자해야 할까?]

20   년   1일 소득의 10% 금액   원   오늘 지출 금액   원

20   년   1일 소득의 10% 금액   원   오늘 지출 금액   원

20   년   1일 소득의 10% 금액   원   오늘 지출 금액   원

20   년   1일 소득의 10% 금액   원   오늘 지출 금액   원

20   년   1일 소득의 10% 금액   원   오늘 지출 금액   원

114

주식과 펀드의 차이점을 아는 대로 적어보자.

20   년   1일 소득의 10% 금액   원   오늘 지출 금액   원

20   년   1일 소득의 10% 금액   원   오늘 지출 금액   원

20   년   1일 소득의 10% 금액   원   오늘 지출 금액   원

20   년   1일 소득의 10% 금액   원   오늘 지출 금액   원

20   년   1일 소득의 10% 금액   원   오늘 지출 금액   원

115

[돈 때문에 삶의 희망을 잃어본 경험이 있는가?]

20	년	1일 소득의 10% 금액	원	오늘 지출 금액	원

20	년	1일 소득의 10% 금액	원	오늘 지출 금액	원

20	년	1일 소득의 10% 금액	원	오늘 지출 금액	원

20	년	1일 소득의 10% 금액	원	오늘 지출 금액	원

20	년	1일 소득의 10% 금액	원	오늘 지출 금액	원

116

아직도 투자를 망설이고 있다면
그 이유는 무엇일까?

20	년	1일 소득의 10% 금액	원	오늘 지출 금액	원

20	년	1일 소득의 10% 금액	원	오늘 지출 금액	원

20	년	1일 소득의 10% 금액	원	오늘 지출 금액	원

20	년	1일 소득의 10% 금액	원	오늘 지출 금액	원

20	년	1일 소득의 10% 금액	원	오늘 지출 금액	원

117

[취업 VS 창업. 각각의 장단점에 대해 생각해보자.]

20 년	1일 소득의 10% 금액	원	오늘 지출 금액	원

20 년	1일 소득의 10% 금액	원	오늘 지출 금액	원

20 년	1일 소득의 10% 금액	원	오늘 지출 금액	원

20 년	1일 소득의 10% 금액	원	오늘 지출 금액	원

20 년	1일 소득의 10% 금액	원	오늘 지출 금액	원

118

은퇴 후, 내 한 달 생활비는
○○○원 정도 될 것 같다.

20 년	1일 소득의 10% 금액	원	오늘 지출 금액	원

20 년	1일 소득의 10% 금액	원	오늘 지출 금액	원

20 년	1일 소득의 10% 금액	원	오늘 지출 금액	원

20 년	1일 소득의 10% 금액	원	오늘 지출 금액	원

20 년	1일 소득의 10% 금액	원	오늘 지출 금액	원

119

[보험에 들어가는 한 달 비용은 어느 정도인가?]

20   년   1일 소득의 10% 금액   원   오늘 지출 금액   원

20   년   1일 소득의 10% 금액   원   오늘 지출 금액   원

20   년   1일 소득의 10% 금액   원   오늘 지출 금액   원

20   년   1일 소득의 10% 금액   원   오늘 지출 금액   원

20   년   1일 소득의 10% 금액   원   오늘 지출 금액   원

120

[현재 가장 발전 가능성이 있다고
생각되는 기업은?]

20	년	1일 소득의 10% 금액	원	오늘 지출 금액	원

20	년	1일 소득의 10% 금액	원	오늘 지출 금액	원

20	년	1일 소득의 10% 금액	원	오늘 지출 금액	원

20	년	1일 소득의 10% 금액	원	오늘 지출 금액	원

20	년	1일 소득의 10% 금액	원	오늘 지출 금액	원

121

[창업을 계획하고 나서
실제로 실행한 단계가 있는가?]

20	년	1일 소득의 10% 금액	원	오늘 지출 금액	원

20	년	1일 소득의 10% 금액	원	오늘 지출 금액	원

20	년	1일 소득의 10% 금액	원	오늘 지출 금액	원

20	년	1일 소득의 10% 금액	원	오늘 지출 금액	원

20	년	1일 소득의 10% 금액	원	오늘 지출 금액	원

122

은퇴 후 넉넉한 삶이 100점이라고 했을 때,
지금 예상되는 나의 은퇴 후 점수는?

20	년	1일 소득의 10% 금액	원	오늘 지출 금액	원

20	년	1일 소득의 10% 금액	원	오늘 지출 금액	원

20	년	1일 소득의 10% 금액	원	오늘 지출 금액	원

20	년	1일 소득의 10% 금액	원	오늘 지출 금액	원

20	년	1일 소득의 10% 금액	원	오늘 지출 금액	원

시가총액, 영업보고서, CEO의 경영철학 등 기업 가치를 살펴보고 투자하라.

123

한 번이라도 암담한 미래를 그려본 적이 있는가?

20 년	1일 소득의 10% 금액	원	오늘 지출 금액	원

20 년	1일 소득의 10% 금액	원	오늘 지출 금액	원

20 년	1일 소득의 10% 금액	원	오늘 지출 금액	원

20 년	1일 소득의 10% 금액	원	오늘 지출 금액	원

20 년	1일 소득의 10% 금액	원	오늘 지출 금액	원

124

내가 생각하는 가장 행복한 미래 모습은?

20	년	1일 소득의 10% 금액	원	오늘 지출 금액	원

20	년	1일 소득의 10% 금액	원	오늘 지출 금액	원

20	년	1일 소득의 10% 금액	원	오늘 지출 금액	원

20	년	1일 소득의 10% 금액	원	오늘 지출 금액	원

20	년	1일 소득의 10% 금액	원	오늘 지출 금액	원

125

[지인들에게 돈을 빌린 경험이 있는가?]

20 년	1일 소득의 10% 금액	원	오늘 지출 금액	원

20 년	1일 소득의 10% 금액	원	오늘 지출 금액	원

20 년	1일 소득의 10% 금액	원	오늘 지출 금액	원

20 년	1일 소득의 10% 금액	원	오늘 지출 금액	원

20 년	1일 소득의 10% 금액	원	오늘 지출 금액	원

주식투자를 하면 그 회사의 지분을 갖게 된다. 회사가 잘 되면 그 이익을 공유할 수 있다.

126

[지인들에게 돈을 빌려준 경험이 있는가?]

20	년	1일 소득의 10% 금액	원	오늘 지출 금액	원

20	년	1일 소득의 10% 금액	원	오늘 지출 금액	원

20	년	1일 소득의 10% 금액	원	오늘 지출 금액	원

20	년	1일 소득의 10% 금액	원	오늘 지출 금액	원

20	년	1일 소득의 10% 금액	원	오늘 지출 금액	원

127

건강에 문제가 생겨 병원에 입원한 적은?

20	년	1일 소득의 10% 금액	원	오늘 지출 금액	원

20	년	1일 소득의 10% 금액	원	오늘 지출 금액	원

20	년	1일 소득의 10% 금액	원	오늘 지출 금액	원

20	년	1일 소득의 10% 금액	원	오늘 지출 금액	원

20	년	1일 소득의 10% 금액	원	오늘 지출 금액	원

128

[투자해서 돈 벌었다는 사람이 많은데
내가 그러지 못한 이유는?]

20   년   1일 소득의 10% 금액   원   오늘 지출 금액   원

20   년   1일 소득의 10% 금액   원   오늘 지출 금액   원

20   년   1일 소득의 10% 금액   원   오늘 지출 금액   원

20   년   1일 소득의 10% 금액   원   오늘 지출 금액   원

20   년   1일 소득의 10% 금액   원   오늘 지출 금액   원

129

[사고 싶은 물건이 있을 때, 바로 사는 편?
사지 않는 편? 고민하다 사는 편?]

20 년   1일 소득의 10% 금액   원   오늘 지출 금액   원

20 년   1일 소득의 10% 금액   원   오늘 지출 금액   원

20 년   1일 소득의 10% 금액   원   오늘 지출 금액   원

20 년   1일 소득의 10% 금액   원   오늘 지출 금액   원

20 년   1일 소득의 10% 금액   원   오늘 지출 금액   원

130

[장기간으로 집을 비울 때,
에어비앤비를 통해 집을 빌려준 경험?]

20   년   1일 소득의 10% 금액   원   오늘 지출 금액   원

20   년   1일 소득의 10% 금액   원   오늘 지출 금액   원

20   년   1일 소득의 10% 금액   원   오늘 지출 금액   원

20   년   1일 소득의 10% 금액   원   오늘 지출 금액   원

20   년   1일 소득의 10% 금액   원   오늘 지출 금액   원

131

[지금까지 직장을 몇 번 옮겼나?]

20 년	1일 소득의 10% 금액	원	오늘 지출 금액	원

20 년	1일 소득의 10% 금액	원	오늘 지출 금액	원

20 년	1일 소득의 10% 금액	원	오늘 지출 금액	원

20 년	1일 소득의 10% 금액	원	오늘 지출 금액	원

20 년	1일 소득의 10% 금액	원	오늘 지출 금액	원

132

지금 일하고 있는 회사의 근무환경은 어떤가?

20   년   1일 소득의 10% 금액   원   오늘 지출 금액   원

20   년   1일 소득의 10% 금액   원   오늘 지출 금액   원

20   년   1일 소득의 10% 금액   원   오늘 지출 금액   원

20   년   1일 소득의 10% 금액   원   오늘 지출 금액   원

20   년   1일 소득의 10% 금액   원   오늘 지출 금액   원

133

[콘택트 비즈니스 모델에는 무엇이 있을까?]

20	년	1일 소득의 10% 금액	원	오늘 지출 금액	원

20	년	1일 소득의 10% 금액	원	오늘 지출 금액	원

20	년	1일 소득의 10% 금액	원	오늘 지출 금액	원

20	년	1일 소득의 10% 금액	원	오늘 지출 금액	원

20	년	1일 소득의 10% 금액	원	오늘 지출 금액	원

134

[언택트 비즈니스 모델에는 무엇이 있을까?]

20	년	1일 소득의 10% 금액	원	오늘 지출 금액	원

20	년	1일 소득의 10% 금액	원	오늘 지출 금액	원

20	년	1일 소득의 10% 금액	원	오늘 지출 금액	원

20	년	1일 소득의 10% 금액	원	오늘 지출 금액	원

20	년	1일 소득의 10% 금액	원	오늘 지출 금액	원

135

[중고마켓에 물건을 팔아봤는데,
○○○원짜리 물건을 ○○○원에 팔았다.]

20	년	1일 소득의 10% 금액	원	오늘 지출 금액	원

20	년	1일 소득의 10% 금액	원	오늘 지출 금액	원

20	년	1일 소득의 10% 금액	원	오늘 지출 금액	원

20	년	1일 소득의 10% 금액	원	오늘 지출 금액	원

20	년	1일 소득의 10% 금액	원	오늘 지출 금액	원

136

[중고마켓에서 물건을 산 적이 있는데, ○○○원짜리 물건을 ○○○원에 샀다.]

20 년 1일 소득의 10% 금액 원 오늘 지출 금액 원

20 년 1일 소득의 10% 금액 원 오늘 지출 금액 원

20 년 1일 소득의 10% 금액 원 오늘 지출 금액 원

20 년 1일 소득의 10% 금액 원 오늘 지출 금액 원

20 년 1일 소득의 10% 금액 원 오늘 지출 금액 원

137

나는 경제경영 도서를 지금까지 ○○○권 읽었다.

20	년	1일 소득의 10% 금액	원	오늘 지출 금액	원

20	년	1일 소득의 10% 금액	원	오늘 지출 금액	원

20	년	1일 소득의 10% 금액	원	오늘 지출 금액	원

20	년	1일 소득의 10% 금액	원	오늘 지출 금액	원

20	년	1일 소득의 10% 금액	원	오늘 지출 금액	원

달걀을 한 바구니에 담지 않듯이 내 자산 전체에 문제가 없도록 여러 회사에 나눠서 투자하자.

138

현재의 나를 브랜딩해보자.

20 년 1일 소득의 10% 금액 원 오늘 지출 금액 원

20 년 1일 소득의 10% 금액 원 오늘 지출 금액 원

20 년 1일 소득의 10% 금액 원 오늘 지출 금액 원

20 년 1일 소득의 10% 금액 원 오늘 지출 금액 원

20 년 1일 소득의 10% 금액 원 오늘 지출 금액 원

복리는 이자가 이자를 버는 것이다. 수익이 다시 수익을 창출하는 것이다.

139

[**지금 나는 ○○○을 잘해서
○○○분야에서 잘 할 자신이 있다.**]

| 20 | 년 | 1일 소득의 10% 금액 | 원 | 오늘 지출 금액 | 원 |

| 20 | 년 | 1일 소득의 10% 금액 | 원 | 오늘 지출 금액 | 원 |

| 20 | 년 | 1일 소득의 10% 금액 | 원 | 오늘 지출 금액 | 원 |

| 20 | 년 | 1일 소득의 10% 금액 | 원 | 오늘 지출 금액 | 원 |

| 20 | 년 | 1일 소득의 10% 금액 | 원 | 오늘 지출 금액 | 원 |

만약 주식에 투자해서 이익이 10%씩 꾸준히 늘어나 재투자가 된다면 복리의 효과를 누릴 수 있다.

140

['돈'이란 무엇일까?]

20   년   1일 소득의 10% 금액   원   오늘 지출 금액   원

20   년   1일 소득의 10% 금액   원   오늘 지출 금액   원

20   년   1일 소득의 10% 금액   원   오늘 지출 금액   원

20   년   1일 소득의 10% 금액   원   오늘 지출 금액   원

20   년   1일 소득의 10% 금액   원   오늘 지출 금액   원

141

행복이란 무엇일까?

20   년   1일 소득의 10% 금액   원   오늘 지출 금액   원

20   년   1일 소득의 10% 금액   원   오늘 지출 금액   원

20   년   1일 소득의 10% 금액   원   오늘 지출 금액   원

20   년   1일 소득의 10% 금액   원   오늘 지출 금액   원

20   년   1일 소득의 10% 금액   원   오늘 지출 금액   원

142

어렸을 때, 내가 꿈꾸던 일은 ○○○이었다.

20   년   1일 소득의 10% 금액   원   오늘 지출 금액   원

20   년   1일 소득의 10% 금액   원   오늘 지출 금액   원

20   년   1일 소득의 10% 금액   원   오늘 지출 금액   원

20   년   1일 소득의 10% 금액   원   오늘 지출 금액   원

20   년   1일 소득의 10% 금액   원   오늘 지출 금액   원

한국의 펀더멘털이 안 좋아서 주식 가격이 싼 게 아니라,
주식에 투자하는 문화가 형성이 안 된 것뿐이다.

143

[삼성전자가 도대체 뭘 만드는 회사일까?]

20	년	1일 소득의 10% 금액	원	오늘 지출 금액	원

20	년	1일 소득의 10% 금액	원	오늘 지출 금액	원

20	년	1일 소득의 10% 금액	원	오늘 지출 금액	원

20	년	1일 소득의 10% 금액	원	오늘 지출 금액	원

20	년	1일 소득의 10% 금액	원	오늘 지출 금액	원

얼마까지 떨어지면 손절매하라고 이야기하는 것은 투자가 아니라 투기다.

144

○○○을 사용해보고 좋아서
○○○기업에 호감을 느낀 적이 있다.

| 20 | 년 | 1일 소득의 10% 금액 | 원 | 오늘 지출 금액 | 원 |

| 20 | 년 | 1일 소득의 10% 금액 | 원 | 오늘 지출 금액 | 원 |

| 20 | 년 | 1일 소득의 10% 금액 | 원 | 오늘 지출 금액 | 원 |

| 20 | 년 | 1일 소득의 10% 금액 | 원 | 오늘 지출 금액 | 원 |

| 20 | 년 | 1일 소득의 10% 금액 | 원 | 오늘 지출 금액 | 원 |

145

기번 질문에서 산 주식
아직까지 보유하고 있는가?

20　　년　　1일 소득의 10% 금액　　원　　오늘 지출 금액　　원

20　　년　　1일 소득의 10% 금액　　원　　오늘 지출 금액　　원

20　　년　　1일 소득의 10% 금액　　원　　오늘 지출 금액　　원

20　　년　　1일 소득의 10% 금액　　원　　오늘 지출 금액　　원

20　　년　　1일 소득의 10% 금액　　원　　오늘 지출 금액　　원

146

부자들이 마음에 안 드는 이유는
○○○모습 때문이다.

20	년	1일 소득의 10% 금액	원	오늘 지출 금액	원

20	년	1일 소득의 10% 금액	원	오늘 지출 금액	원

20	년	1일 소득의 10% 금액	원	오늘 지출 금액	원

20	년	1일 소득의 10% 금액	원	오늘 지출 금액	원

20	년	1일 소득의 10% 금액	원	오늘 지출 금액	원

147

[내가 생각하는 좋은 부자는?]

20	년	1일 소득의 10% 금액	원	오늘 지출 금액	원

20	년	1일 소득의 10% 금액	원	오늘 지출 금액	원

20	년	1일 소득의 10% 금액	원	오늘 지출 금액	원

20	년	1일 소득의 10% 금액	원	오늘 지출 금액	원

20	년	1일 소득의 10% 금액	원	오늘 지출 금액	원

148

[어렸을 때 꿈꾸던 직업을 포기한 이유는?]

20   년   1일 소득의 10% 금액   원   오늘 지출 금액   원

_____

_____

20   년   1일 소득의 10% 금액   원   오늘 지출 금액   원

_____

_____

20   년   1일 소득의 10% 금액   원   오늘 지출 금액   원

_____

_____

20   년   1일 소득의 10% 금액   원   오늘 지출 금액   원

_____

_____

20   년   1일 소득의 10% 금액   원   오늘 지출 금액   원

_____

_____

주식투자를 위해 꼭 갖추어야 할 것은 자기만의 확고한 투자철학이다.

149

[인문학을 공부한 적이 있는가?]

20 년	1일 소득의 10% 금액	원	오늘 지출 금액	원

20 년	1일 소득의 10% 금액	원	오늘 지출 금액	원

20 년	1일 소득의 10% 금액	원	오늘 지출 금액	원

20 년	1일 소득의 10% 금액	원	오늘 지출 금액	원

20 년	1일 소득의 10% 금액	원	오늘 지출 금액	원

150

[경제학을 공부한 적이 있는가?]

20   년   1일 소득의 10% 금액   원   오늘 지출 금액   원

20   년   1일 소득의 10% 금액   원   오늘 지출 금액   원

20   년   1일 소득의 10% 금액   원   오늘 지출 금액   원

20   년   1일 소득의 10% 금액   원   오늘 지출 금액   원

20   년   1일 소득의 10% 금액   원   오늘 지출 금액   원

151

[나의 단기 비전(1년)을 적어보자.]

20	년	1일 소득의 10% 금액	원	오늘 지출 금액	원

20	년	1일 소득의 10% 금액	원	오늘 지출 금액	원

20	년	1일 소득의 10% 금액	원	오늘 지출 금액	원

20	년	1일 소득의 10% 금액	원	오늘 지출 금액	원

20	년	1일 소득의 10% 금액	원	오늘 지출 금액	원

152

[나의 장기 비전(5년)을 적어보자.]

20	년	1일 소득의 10% 금액	원	오늘 지출 금액	원

20	년	1일 소득의 10% 금액	원	오늘 지출 금액	원

20	년	1일 소득의 10% 금액	원	오늘 지출 금액	원

20	년	1일 소득의 10% 금액	원	오늘 지출 금액	원

20	년	1일 소득의 10% 금액	원	오늘 지출 금액	원

153

구체적인 1년 투자 계획과 목표 수익률은?

20	년	1일 소득의 10% 금액	원	오늘 지출 금액	원

20	년	1일 소득의 10% 금액	원	오늘 지출 금액	원

20	년	1일 소득의 10% 금액	원	오늘 지출 금액	원

20	년	1일 소득의 10% 금액	원	오늘 지출 금액	원

20	년	1일 소득의 10% 금액	원	오늘 지출 금액	원

154

내 삶의 모토를 자유롭게 써보자.

20 년   1일 소득의 10% 금액   원   오늘 지출 금액   원

20 년   1일 소득의 10% 금액   원   오늘 지출 금액   원

20 년   1일 소득의 10% 금액   원   오늘 지출 금액   원

20 년   1일 소득의 10% 금액   원   오늘 지출 금액   원

20 년   1일 소득의 10% 금액   원   오늘 지출 금액   원

155

친구가 갑자기 100만 원을 빌려달라고 한다. 어떻게 대처할까?

20	년	1일 소득의 10% 금액	원	오늘 지출 금액	원

20	년	1일 소득의 10% 금액	원	오늘 지출 금액	원

20	년	1일 소득의 10% 금액	원	오늘 지출 금액	원

20	년	1일 소득의 10% 금액	원	오늘 지출 금액	원

20	년	1일 소득의 10% 금액	원	오늘 지출 금액	원

156

[나는 60살에 ○○○생활을 하며
살고 있을 것이다.]

20	년	1일 소득의 10% 금액	원	오늘 지출 금액	원

20	년	1일 소득의 10% 금액	원	오늘 지출 금액	원

20	년	1일 소득의 10% 금액	원	오늘 지출 금액	원

20	년	1일 소득의 10% 금액	원	오늘 지출 금액	원

20	년	1일 소득의 10% 금액	원	오늘 지출 금액	원

157

나는 5년 안에 ○○○을 이루는 사람이 되겠다.

20	년	1일 소득의 10% 금액	원	오늘 지출 금액	원

20	년	1일 소득의 10% 금액	원	오늘 지출 금액	원

20	년	1일 소득의 10% 금액	원	오늘 지출 금액	원

20	년	1일 소득의 10% 금액	원	오늘 지출 금액	원

20	년	1일 소득의 10% 금액	원	오늘 지출 금액	원

158

현재 나는 ○○과 ○○과 ○○에 분산투자를 한다.

20	년	1일 소득의 10% 금액	원	오늘 지출 금액	원

20	년	1일 소득의 10% 금액	원	오늘 지출 금액	원

20	년	1일 소득의 10% 금액	원	오늘 지출 금액	원

20	년	1일 소득의 10% 금액	원	오늘 지출 금액	원

20	년	1일 소득의 10% 금액	원	오늘 지출 금액	원

159

[나는 돈이 중요하다는 것을 ○○○때 깨달았다.]

20	년	1일 소득의 10% 금액	원	오늘 지출 금액	원

20	년	1일 소득의 10% 금액	원	오늘 지출 금액	원

20	년	1일 소득의 10% 금액	원	오늘 지출 금액	원

20	년	1일 소득의 10% 금액	원	오늘 지출 금액	원

20	년	1일 소득의 10% 금액	원	오늘 지출 금액	원

160

160일이 지났다.
소비 습관은 어느 정도 변했는가?

20	년	1일 소득의 10% 금액	원	오늘 지출 금액	원

20	년	1일 소득의 10% 금액	원	오늘 지출 금액	원

20	년	1일 소득의 10% 금액	원	오늘 지출 금액	원

20	년	1일 소득의 10% 금액	원	오늘 지출 금액	원

20	년	1일 소득의 10% 금액	원	오늘 지출 금액	원

161

[사랑하는 사람에게 ○○○을 가장 선물하고 싶다.]

20	년	1일 소득의 10% 금액	원	오늘 지출 금액	원

20	년	1일 소득의 10% 금액	원	오늘 지출 금액	원

20	년	1일 소득의 10% 금액	원	오늘 지출 금액	원

20	년	1일 소득의 10% 금액	원	오늘 지출 금액	원

20	년	1일 소득의 10% 금액	원	오늘 지출 금액	원

162

사랑하는 사람에게 ○○○을 가장 선물받고 싶다.

20   년   1일 소득의 10% 금액   원   오늘 지출 금액   원

20   년   1일 소득의 10% 금액   원   오늘 지출 금액   원

20   년   1일 소득의 10% 금액   원   오늘 지출 금액   원

20   년   1일 소득의 10% 금액   원   오늘 지출 금액   원

20   년   1일 소득의 10% 금액   원   오늘 지출 금액   원

나이가 들수록 새로운 일에 도전하기는 점점 힘들어지고 '그때 그만둘 걸' 하며 평생 후회한다.

163

현재 세상에서 가장 돈이 많은 사람은 누구일까?

20	년	1일 소득의 10% 금액	원	오늘 지출 금액	원

20	년	1일 소득의 10% 금액	원	오늘 지출 금액	원

20	년	1일 소득의 10% 금액	원	오늘 지출 금액	원

20	년	1일 소득의 10% 금액	원	오늘 지출 금액	원

20	년	1일 소득의 10% 금액	원	오늘 지출 금액	원

164

현재 우리나라에서
시가총액이 가장 높은 회사는 어디일까?

20 년	1일 소득의 10% 금액	원	오늘 지출 금액	원

20 년	1일 소득의 10% 금액	원	오늘 지출 금액	원

20 년	1일 소득의 10% 금액	원	오늘 지출 금액	원

20 년	1일 소득의 10% 금액	원	오늘 지출 금액	원

20 년	1일 소득의 10% 금액	원	오늘 지출 금액	원

165

기업의 PER을 계산하는 방법을 공부해보자.

20	년	1일 소득의 10% 금액	원	오늘 지출 금액	원

20	년	1일 소득의 10% 금액	원	오늘 지출 금액	원

20	년	1일 소득의 10% 금액	원	오늘 지출 금액	원

20	년	1일 소득의 10% 금액	원	오늘 지출 금액	원

20	년	1일 소득의 10% 금액	원	오늘 지출 금액	원

아무리 좋아하는 일이라도 돈이 따라와야 한다.

166

[가치투자는 어떻게 하는 것일까?]

20 년　1일 소득의 10% 금액　　원　오늘 지출 금액　　원

20 년　1일 소득의 10% 금액　　원　오늘 지출 금액　　원

20 년　1일 소득의 10% 금액　　원　오늘 지출 금액　　원

20 년　1일 소득의 10% 금액　　원　오늘 지출 금액　　원

20 년　1일 소득의 10% 금액　　원　오늘 지출 금액　　원

167

내 퇴직연금,
DB(확정급여)형? DC(확정기여)형?

20	년	1일 소득의 10% 금액	원	오늘 지출 금액	원

20	년	1일 소득의 10% 금액	원	오늘 지출 금액	원

20	년	1일 소득의 10% 금액	원	오늘 지출 금액	원

20	년	1일 소득의 10% 금액	원	오늘 지출 금액	원

20	년	1일 소득의 10% 금액	원	오늘 지출 금액	원

벌어들이는 수입에 따라서 삶의 질과 형태 자체가 달라지게 된다.

168

[나는 주식을 ○○○때 판다.]

20	년	1일 소득의 10% 금액	원	오늘 지출 금액	원

20	년	1일 소득의 10% 금액	원	오늘 지출 금액	원

20	년	1일 소득의 10% 금액	원	오늘 지출 금액	원

20	년	1일 소득의 10% 금액	원	오늘 지출 금액	원

20	년	1일 소득의 10% 금액	원	오늘 지출 금액	원

169

나는 주식을 살 때
기업의 ○○○을 가장 중요하게 생각한다.

20	년	1일 소득의 10% 금액	원	오늘 지출 금액	원

20	년	1일 소득의 10% 금액	원	오늘 지출 금액	원

20	년	1일 소득의 10% 금액	원	오늘 지출 금액	원

20	년	1일 소득의 10% 금액	원	오늘 지출 금액	원

20	년	1일 소득의 10% 금액	원	오늘 지출 금액	원

170

[나는 ○○○기업에 절대 투자하지 않을 것이다.]

20   년   1일 소득의 10% 금액   원   오늘 지출 금액   원

20   년   1일 소득의 10% 금액   원   오늘 지출 금액   원

20   년   1일 소득의 10% 금액   원   오늘 지출 금액   원

20   년   1일 소득의 10% 금액   원   오늘 지출 금액   원

20   년   1일 소득의 10% 금액   원   오늘 지출 금액   원

171

[부자 되기 위한 5가지 규칙을 정해본다면?]

20　　년　　1일 소득의 10% 금액　　원　오늘 지출 금액　　원

20　　년　　1일 소득의 10% 금액　　원　오늘 지출 금액　　원

20　　년　　1일 소득의 10% 금액　　원　오늘 지출 금액　　원

20　　년　　1일 소득의 10% 금액　　원　오늘 지출 금액　　원

20　　년　　1일 소득의 10% 금액　　원　오늘 지출 금액　　원

172

[나는 인생에 한 번쯤 ○○○관련 책을 쓰고 싶다.]

20 년	1일 소득의 10% 금액	원	오늘 지출 금액	원

20 년	1일 소득의 10% 금액	원	오늘 지출 금액	원

20 년	1일 소득의 10% 금액	원	오늘 지출 금액	원

20 년	1일 소득의 10% 금액	원	오늘 지출 금액	원

20 년	1일 소득의 10% 금액	원	오늘 지출 금액	원

173

나는 인생에 한 번쯤
○○○관련 유튜브를 하고 싶다.

20	년	1일 소득의 10% 금액	원	오늘 지출 금액	원

20	년	1일 소득의 10% 금액	원	오늘 지출 금액	원

20	년	1일 소득의 10% 금액	원	오늘 지출 금액	원

20	년	1일 소득의 10% 금액	원	오늘 지출 금액	원

20	년	1일 소득의 10% 금액	원	오늘 지출 금액	원

174

나는 아침에 일어나면
가장 먼저 ○○○뉴스를 본다.

[   ]

20	년	1일 소득의 10% 금액	원	오늘 지출 금액	원

20	년	1일 소득의 10% 금액	원	오늘 지출 금액	원

20	년	1일 소득의 10% 금액	원	오늘 지출 금액	원

20	년	1일 소득의 10% 금액	원	오늘 지출 금액	원

20	년	1일 소득의 10% 금액	원	오늘 지출 금액	원

175

[내 소비 습관 중에 가장 나쁜 습관은?]

20 년	1일 소득의 10% 금액	원	오늘 지출 금액	원

20 년	1일 소득의 10% 금액	원	오늘 지출 금액	원

20 년	1일 소득의 10% 금액	원	오늘 지출 금액	원

20 년	1일 소득의 10% 금액	원	오늘 지출 금액	원

20 년	1일 소득의 10% 금액	원	오늘 지출 금액	원

긍정적인 생각을 하는 사람은 그렇지 않은 사람보다 부자가 될 확률이 높다.

176

나는 되는 일이 없을 때
○○○를 생각하며 긍정적인 마음을 갖는다.

20	년	1일 소득의 10% 금액	원	오늘 지출 금액	원

20	년	1일 소득의 10% 금액	원	오늘 지출 금액	원

20	년	1일 소득의 10% 금액	원	오늘 지출 금액	원

20	년	1일 소득의 10% 금액	원	오늘 지출 금액	원

20	년	1일 소득의 10% 금액	원	오늘 지출 금액	원

177

[ETF에 대해 공부해보자.]

20	년	1일 소득의 10% 금액	원	오늘 지출 금액	원

20	년	1일 소득의 10% 금액	원	오늘 지출 금액	원

20	년	1일 소득의 10% 금액	원	오늘 지출 금액	원

20	년	1일 소득의 10% 금액	원	오늘 지출 금액	원

20	년	1일 소득의 10% 금액	원	오늘 지출 금액	원

178

부동산투자와 주식투자는 어떻게 다른가?
생각나는 대로 열거해보자.

20   년   1일 소득의 10% 금액   원   오늘 지출 금액   원

20   년   1일 소득의 10% 금액   원   오늘 지출 금액   원

20   년   1일 소득의 10% 금액   원   오늘 지출 금액   원

20   년   1일 소득의 10% 금액   원   오늘 지출 금액   원

20   년   1일 소득의 10% 금액   원   오늘 지출 금액   원

긍정적인 마인드를 가진 사람들은 주식에 관한 생각도 남다르다.
그들은 30년을 바라보고 주식에 투자한다.

179

[기업의 배당이란 무엇일까?]

20	년	1일 소득의 10% 금액	원	오늘 지출 금액	원

20	년	1일 소득의 10% 금액	원	오늘 지출 금액	원

20	년	1일 소득의 10% 금액	원	오늘 지출 금액	원

20	년	1일 소득의 10% 금액	원	오늘 지출 금액	원

20	년	1일 소득의 10% 금액	원	오늘 지출 금액	원

180

한 기업의 시가총액은 무엇을 의미할까?

20	년	1일 소득의 10% 금액	원	오늘 지출 금액	원

20	년	1일 소득의 10% 금액	원	오늘 지출 금액	원

20	년	1일 소득의 10% 금액	원	오늘 지출 금액	원

20	년	1일 소득의 10% 금액	원	오늘 지출 금액	원

20	년	1일 소득의 10% 금액	원	오늘 지출 금액	원

181

[인플레이션이란 ○○○을 의미한다.]

20	년	1일 소득의 10% 금액	원	오늘 지출 금액	원

20	년	1일 소득의 10% 금액	원	오늘 지출 금액	원

20	년	1일 소득의 10% 금액	원	오늘 지출 금액	원

20	년	1일 소득의 10% 금액	원	오늘 지출 금액	원

20	년	1일 소득의 10% 금액	원	오늘 지출 금액	원

182

[디플레이션이란 ○○○을 의미한다.]

| 20 | 년 | 1일 소득의 10% 금액 | 원 | 오늘 지출 금액 | 원 |

| 20 | 년 | 1일 소득의 10% 금액 | 원 | 오늘 지출 금액 | 원 |

| 20 | 년 | 1일 소득의 10% 금액 | 원 | 오늘 지출 금액 | 원 |

| 20 | 년 | 1일 소득의 10% 금액 | 원 | 오늘 지출 금액 | 원 |

| 20 | 년 | 1일 소득의 10% 금액 | 원 | 오늘 지출 금액 | 원 |

183

현금을 무조건 많이 가지고 있는 게 옳을까?

20	년	1일 소득의 10% 금액	원	오늘 지출 금액	원

20	년	1일 소득의 10% 금액	원	오늘 지출 금액	원

20	년	1일 소득의 10% 금액	원	오늘 지출 금액	원

20	년	1일 소득의 10% 금액	원	오늘 지출 금액	원

20	년	1일 소득의 10% 금액	원	오늘 지출 금액	원

부자는 자산을 취득하는 즐거움을 누리지만 가난한 사람은 부채를 취득하면서 즐거움을 얻는다.

184

나는 주변 사람에게 ○○○주식을 사라고 권유 받은 적이 있다.

20　년　1일 소득의 10% 금액　　원　오늘 지출 금액　　원

20　년　1일 소득의 10% 금액　　원　오늘 지출 금액　　원

20　년　1일 소득의 10% 금액　　원　오늘 지출 금액　　원

20　년　1일 소득의 10% 금액　　원　오늘 지출 금액　　원

20　년　1일 소득의 10% 금액　　원　오늘 지출 금액　　원

185

[내가 지금 하고 있는 것 중
노후에 도움이 될 것 같은 일은?]

20	년	1일 소득의 10% 금액	원	오늘 지출 금액	원

20	년	1일 소득의 10% 금액	원	오늘 지출 금액	원

20	년	1일 소득의 10% 금액	원	오늘 지출 금액	원

20	년	1일 소득의 10% 금액	원	오늘 지출 금액	원

20	년	1일 소득의 10% 금액	원	오늘 지출 금액	원

186

[지금 내 통장에는 ○○○원이 있다.]

20	년	1일 소득의 10% 금액	원	오늘 지출 금액	원

20	년	1일 소득의 10% 금액	원	오늘 지출 금액	원

20	년	1일 소득의 10% 금액	원	오늘 지출 금액	원

20	년	1일 소득의 10% 금액	원	오늘 지출 금액	원

20	년	1일 소득의 10% 금액	원	오늘 지출 금액	원

187

[내가 부자가 된다면
사람들을 위해 ○○○을 하고 싶다.]

20	년	1일 소득의 10% 금액	원	오늘 지출 금액	원

20	년	1일 소득의 10% 금액	원	오늘 지출 금액	원

20	년	1일 소득의 10% 금액	원	오늘 지출 금액	원

20	년	1일 소득의 10% 금액	원	오늘 지출 금액	원

20	년	1일 소득의 10% 금액	원	오늘 지출 금액	원

188

[돈으로 살 수 있는 행복은?]

20 년   1일 소득의 10% 금액   원   오늘 지출 금액   원

20 년   1일 소득의 10% 금액   원   오늘 지출 금액   원

20 년   1일 소득의 10% 금액   원   오늘 지출 금액   원

20 년   1일 소득의 10% 금액   원   오늘 지출 금액   원

20 년   1일 소득의 10% 금액   원   오늘 지출 금액   원

금융문맹에서 벗어나지 못해서 행여 아이가 공부에 뒤처질까봐 과도한 사교육비를 지출하고 있다.

189

[지금까지 구입해서 가장 행복했던 물건은?]

20 년   1일 소득의 10% 금액   원   오늘 지출 금액   원

---

20 년   1일 소득의 10% 금액   원   오늘 지출 금액   원

---

20 년   1일 소득의 10% 금액   원   오늘 지출 금액   원

---

20 년   1일 소득의 10% 금액   원   오늘 지출 금액   원

---

20 년   1일 소득의 10% 금액   원   오늘 지출 금액   원

190

내 인생에서 가장 중요한 일은 ○○○이다.

20 　년　　1일 소득의 10% 금액　　　원　　오늘 지출 금액　　　원

20 　년　　1일 소득의 10% 금액　　　원　　오늘 지출 금액　　　원

20 　년　　1일 소득의 10% 금액　　　원　　오늘 지출 금액　　　원

20 　년　　1일 소득의 10% 금액　　　원　　오늘 지출 금액　　　원

20 　년　　1일 소득의 10% 금액　　　원　　오늘 지출 금액　　　원

수입도 많지 않은데 사교육비 지출로 등골 휘는 젊은 부부들을 보고 있으면 마음이 아프다.
노후에 찾아올 빈곤이 보이기 때문이다.

191

[내 투자 성향을 자유롭게 적어보자.]

| 20 년 | 1일 소득의 10% 금액 | 원 | 오늘 지출 금액 | 원 |

_____
_____
_____

| 20 년 | 1일 소득의 10% 금액 | 원 | 오늘 지출 금액 | 원 |

_____
_____
_____

| 20 년 | 1일 소득의 10% 금액 | 원 | 오늘 지출 금액 | 원 |

_____
_____
_____

| 20 년 | 1일 소득의 10% 금액 | 원 | 오늘 지출 금액 | 원 |

_____
_____
_____

| 20 년 | 1일 소득의 10% 금액 | 원 | 오늘 지출 금액 | 원 |

_____
_____
_____

192

[대출 받아서 주식투자해도 될까?]

20	년	1일 소득의 10% 금액	원	오늘 지출 금액	원

20	년	1일 소득의 10% 금액	원	오늘 지출 금액	원

20	년	1일 소득의 10% 금액	원	오늘 지출 금액	원

20	년	1일 소득의 10% 금액	원	오늘 지출 금액	원

20	년	1일 소득의 10% 금액	원	오늘 지출 금액	원

193

아이에게 꼭 가르쳐주고 싶은 금융지식은?

20 년   1일 소득의 10% 금액   원   오늘 지출 금액   원

20 년   1일 소득의 10% 금액   원   오늘 지출 금액   원

20 년   1일 소득의 10% 금액   원   오늘 지출 금액   원

20 년   1일 소득의 10% 금액   원   오늘 지출 금액   원

20 년   1일 소득의 10% 금액   원   오늘 지출 금액   원

194

내 아이는 나보다 ○○○점에서
더 뛰어났으면 한다.

20　년　1일 소득의 10% 금액　원　오늘 지출 금액　원

20　년　1일 소득의 10% 금액　원　오늘 지출 금액　원

20　년　1일 소득의 10% 금액　원　오늘 지출 금액　원

20　년　1일 소득의 10% 금액　원　오늘 지출 금액　원

20　년　1일 소득의 10% 금액　원　오늘 지출 금액　원

195

사회생활을 하다가 경쟁에 지친 경험이 있는가?

20   년   1일 소득의 10% 금액   원   오늘 지출 금액   원

20   년   1일 소득의 10% 금액   원   오늘 지출 금액   원

20   년   1일 소득의 10% 금액   원   오늘 지출 금액   원

20   년   1일 소득의 10% 금액   원   오늘 지출 금액   원

20   년   1일 소득의 10% 금액   원   오늘 지출 금액   원

196

[나는 요즘 ○○○때문에 불안하다.]

20	년	1일 소득의 10% 금액	원	오늘 지출 금액	원

20	년	1일 소득의 10% 금액	원	오늘 지출 금액	원

20	년	1일 소득의 10% 금액	원	오늘 지출 금액	원

20	년	1일 소득의 10% 금액	원	오늘 지출 금액	원

20	년	1일 소득의 10% 금액	원	오늘 지출 금액	원

197

[**해외 주식에 투자할 마음이 있나?**]

20   년   1일 소득의 10% 금액   원   오늘 지출 금액   원

20   년   1일 소득의 10% 금액   원   오늘 지출 금액   원

20   년   1일 소득의 10% 금액   원   오늘 지출 금액   원

20   년   1일 소득의 10% 금액   원   오늘 지출 금액   원

20   년   1일 소득의 10% 금액   원   오늘 지출 금액   원

198

[나는 ○○○분야에 호기심이 많다.]

20	년	1일 소득의 10% 금액	원	오늘 지출 금액	원

20	년	1일 소득의 10% 금액	원	오늘 지출 금액	원

20	년	1일 소득의 10% 금액	원	오늘 지출 금액	원

20	년	1일 소득의 10% 금액	원	오늘 지출 금액	원

20	년	1일 소득의 10% 금액	원	오늘 지출 금액	원

199

[나는 긍정적이다? 비관적이다?]

20	년	1일 소득의 10% 금액	원	오늘 지출 금액	원

20	년	1일 소득의 10% 금액	원	오늘 지출 금액	원

20	년	1일 소득의 10% 금액	원	오늘 지출 금액	원

20	년	1일 소득의 10% 금액	원	오늘 지출 금액	원

20	년	1일 소득의 10% 금액	원	오늘 지출 금액	원

적은 금액이라도 일찌감치 투자해놓으면 아이가 성인이 되었을 때, 창업자금으로 쓸 수 있다.

200

[나는 출퇴근 할 때 ○○○을 이용하고, 한 달에 ○○○원 정도 든다.]

20 년	1일 소득의 10% 금액	원	오늘 지출 금액	원

20 년	1일 소득의 10% 금액	원	오늘 지출 금액	원

20 년	1일 소득의 10% 금액	원	오늘 지출 금액	원

20 년	1일 소득의 10% 금액	원	오늘 지출 금액	원

20 년	1일 소득의 10% 금액	원	오늘 지출 금액	원

201

[기업의 PBR은 ○○○을 말한다.]

20 년	1일 소득의 10% 금액	원	오늘 지출 금액	원

20 년	1일 소득의 10% 금액	원	오늘 지출 금액	원

20 년	1일 소득의 10% 금액	원	오늘 지출 금액	원

20 년	1일 소득의 10% 금액	원	오늘 지출 금액	원

20 년	1일 소득의 10% 금액	원	오늘 지출 금액	원

202

[나는 지금까지 ○○○습관 때문에
돈을 모으지 못했다.]

20 　 년 　 1일 소득의 10% 금액 　 원 　 오늘 지출 금액 　 원

20 　 년 　 1일 소득의 10% 금액 　 원 　 오늘 지출 금액 　 원

20 　 년 　 1일 소득의 10% 금액 　 원 　 오늘 지출 금액 　 원

20 　 년 　 1일 소득의 10% 금액 　 원 　 오늘 지출 금액 　 원

20 　 년 　 1일 소득의 10% 금액 　 원 　 오늘 지출 금액 　 원

203

[용돈을 받기 시작한 것은 몇 살 때부터였나?]

20	년	1일 소득의 10% 금액	원	오늘 지출 금액	원

20	년	1일 소득의 10% 금액	원	오늘 지출 금액	원

20	년	1일 소득의 10% 금액	원	오늘 지출 금액	원

20	년	1일 소득의 10% 금액	원	오늘 지출 금액	원

20	년	1일 소득의 10% 금액	원	오늘 지출 금액	원

204

내가 가진 통장의 이자율을 정확히 알고 있나?

20　　년　　1일 소득의 10% 금액　　　　원　오늘 지출 금액　　　　원

20　　년　　1일 소득의 10% 금액　　　　원　오늘 지출 금액　　　　원

20　　년　　1일 소득의 10% 금액　　　　원　오늘 지출 금액　　　　원

20　　년　　1일 소득의 10% 금액　　　　원　오늘 지출 금액　　　　원

20　　년　　1일 소득의 10% 금액　　　　원　오늘 지출 금액　　　　원

205

계획에도 없던 소비를 충동적으로 한 적 있나?

20   년   1일 소득의 10% 금액   원   오늘 지출 금액   원

20   년   1일 소득의 10% 금액   원   오늘 지출 금액   원

20   년   1일 소득의 10% 금액   원   오늘 지출 금액   원

20   년   1일 소득의 10% 금액   원   오늘 지출 금액   원

20   년   1일 소득의 10% 금액   원   오늘 지출 금액   원

206

내가 최근에 소비욕을 느끼는 분야는?
최대 얼마까지 쓸 수 있을까?

20　　년　　1일 소득의 10% 금액　　원　오늘 지출 금액　　원

20　　년　　1일 소득의 10% 금액　　원　오늘 지출 금액　　원

20　　년　　1일 소득의 10% 금액　　원　오늘 지출 금액　　원

20　　년　　1일 소득의 10% 금액　　원　오늘 지출 금액　　원

20　　년　　1일 소득의 10% 금액　　원　오늘 지출 금액　　원

207

[정기적으로 후원하고 있는 곳이 있는가?
과정과 결과를 알고 있는가?]

20   년   1일 소득의 10% 금액   원   오늘 지출 금액   원

20   년   1일 소득의 10% 금액   원   오늘 지출 금액   원

20   년   1일 소득의 10% 금액   원   오늘 지출 금액   원

20   년   1일 소득의 10% 금액   원   오늘 지출 금액   원

20   년   1일 소득의 10% 금액   원   오늘 지출 금액   원

208

지금 집안을 둘러보자.
낭비 되고 있는 전기가 있나?

[

]

20　　년　　1일 소득의 10% 금액　　　　원　　오늘 지출 금액　　　　원

20　　년　　1일 소득의 10% 금액　　　　원　　오늘 지출 금액　　　　원

20　　년　　1일 소득의 10% 금액　　　　원　　오늘 지출 금액　　　　원

20　　년　　1일 소득의 10% 금액　　　　원　　오늘 지출 금액　　　　원

20　　년　　1일 소득의 10% 금액　　　　원　　오늘 지출 금액　　　　원

부동산과 주식 중 어디에 투자할지를 결정할 때 자신의 재산 중
부동산과 주식의 비중을 판단할 필요가 있다.

209

[물건 하나를 사기 위해 고려하는 것은 몇 가지며
어떤 것들인가?]

20   년   1일 소득의 10% 금액   원   오늘 지출 금액   원

20   년   1일 소득의 10% 금액   원   오늘 지출 금액   원

20   년   1일 소득의 10% 금액   원   오늘 지출 금액   원

20   년   1일 소득의 10% 금액   원   오늘 지출 금액   원

20   년   1일 소득의 10% 금액   원   오늘 지출 금액   원

210

[내가 생각하는 안정적인 투자는 무엇일까?]

20   년   1일 소득의 10% 금액   원   오늘 지출 금액   원

20   년   1일 소득의 10% 금액   원   오늘 지출 금액   원

20   년   1일 소득의 10% 금액   원   오늘 지출 금액   원

20   년   1일 소득의 10% 금액   원   오늘 지출 금액   원

20   년   1일 소득의 10% 금액   원   오늘 지출 금액   원

211

부모님의 자산으로 내가 받는 영향은 무엇인가?

20 년	1일 소득의 10% 금액	원	오늘 지출 금액	원

20 년	1일 소득의 10% 금액	원	오늘 지출 금액	원

20 년	1일 소득의 10% 금액	원	오늘 지출 금액	원

20 년	1일 소득의 10% 금액	원	오늘 지출 금액	원

20 년	1일 소득의 10% 금액	원	오늘 지출 금액	원

212

내가 할부 결제를 하는 기준은 무엇인가?

20   년   1일 소득의 10% 금액   원 오늘 지출 금액   원

20   년   1일 소득의 10% 금액   원 오늘 지출 금액   원

20   년   1일 소득의 10% 금액   원 오늘 지출 금액   원

20   년   1일 소득의 10% 금액   원 오늘 지출 금액   원

20   년   1일 소득의 10% 금액   원 오늘 지출 금액   원

빚을 지고 투자하게 되면 빚을 갚아야 하는 절박감 때문에 장기투자를 할 수 없다.

213

돈을 갚거나 돌려받는 과정에서
문제가 있었던 적은 없는가?

20	년	1일 소득의 10% 금액	원	오늘 지출 금액	원

20	년	1일 소득의 10% 금액	원	오늘 지출 금액	원

20	년	1일 소득의 10% 금액	원	오늘 지출 금액	원

20	년	1일 소득의 10% 금액	원	오늘 지출 금액	원

20	년	1일 소득의 10% 금액	원	오늘 지출 금액	원

214

대출을 받을 때 가장 중요한 점은 무엇일까?

20	년	1일 소득의 10% 금액	원	오늘 지출 금액	원

20	년	1일 소득의 10% 금액	원	오늘 지출 금액	원

20	년	1일 소득의 10% 금액	원	오늘 지출 금액	원

20	년	1일 소득의 10% 금액	원	오늘 지출 금액	원

20	년	1일 소득의 10% 금액	원	오늘 지출 금액	원

적극적으로 재산 형성을 원하는 사람은 금이나 은보다 주식에 투자하는 게 좋다.

215

[과거에 썼던 가계부를 읽어본 적 있는가?
(소비 패턴을 분석했는가?)]

20 년	1일 소득의 10% 금액	원	오늘 지출 금액	원

20 년	1일 소득의 10% 금액	원	오늘 지출 금액	원

20 년	1일 소득의 10% 금액	원	오늘 지출 금액	원

20 년	1일 소득의 10% 금액	원	오늘 지출 금액	원

20 년	1일 소득의 10% 금액	원	오늘 지출 금액	원

아이들이 어렸을 때부터 돈을 모으는 걸 가르치자. '돈'에 대한 감각을 알려주는 가장 좋은 방법이다.

216

[## 지금 쓰는 통장 및 카드를 만든 지
얼마나 되었는가?]

20	년	1일 소득의 10% 금액	원	오늘 지출 금액	원

20	년	1일 소득의 10% 금액	원	오늘 지출 금액	원

20	년	1일 소득의 10% 금액	원	오늘 지출 금액	원

20	년	1일 소득의 10% 금액	원	오늘 지출 금액	원

20	년	1일 소득의 10% 금액	원	오늘 지출 금액	원

217

공부하거나 일할 때
'이건 무조건 쓴다' 하는 물품은?

20	년	1일 소득의 10% 금액	원	오늘 지출 금액	원

20	년	1일 소득의 10% 금액	원	오늘 지출 금액	원

20	년	1일 소득의 10% 금액	원	오늘 지출 금액	원

20	년	1일 소득의 10% 금액	원	오늘 지출 금액	원

20	년	1일 소득의 10% 금액	원	오늘 지출 금액	원

빚내서 투자하지 말고 잘못된 소비를 투자로 바꿀 수 있는 만큼만 투자하라.

218

최근에 보거나 들은
경제 이슈를 세 가지만 말해보자.

20   년   1일 소득의 10% 금액   원   오늘 지출 금액   원

20   년   1일 소득의 10% 금액   원   오늘 지출 금액   원

20   년   1일 소득의 10% 금액   원   오늘 지출 금액   원

20   년   1일 소득의 10% 금액   원   오늘 지출 금액   원

20   년   1일 소득의 10% 금액   원   오늘 지출 금액   원

219

[월급날 전에 세우는 소비 계획이 있는가?]

20 년   1일 소득의 10% 금액   원   오늘 지출 금액   원

20 년   1일 소득의 10% 금액   원   오늘 지출 금액   원

20 년   1일 소득의 10% 금액   원   오늘 지출 금액   원

20 년   1일 소득의 10% 금액   원   오늘 지출 금액   원

20 년   1일 소득의 10% 금액   원   오늘 지출 금액   원

220

중고 거래의 가치는 무엇이라고 생각하는가?

20　년　　1일 소득의 10% 금액　　원　오늘 지출 금액　　원

20　년　　1일 소득의 10% 금액　　원　오늘 지출 금액　　원

20　년　　1일 소득의 10% 금액　　원　오늘 지출 금액　　원

20　년　　1일 소득의 10% 금액　　원　오늘 지출 금액　　원

20　년　　1일 소득의 10% 금액　　원　오늘 지출 금액　　원

221

[지금 나는 ○○○에 살고 있다.]

20	년	1일 소득의 10% 금액	원	오늘 지출 금액	원

20	년	1일 소득의 10% 금액	원	오늘 지출 금액	원

20	년	1일 소득의 10% 금액	원	오늘 지출 금액	원

20	년	1일 소득의 10% 금액	원	오늘 지출 금액	원

20	년	1일 소득의 10% 금액	원	오늘 지출 금액	원

222

○○○원짜리 집을 구입한다면 ○○○원 대출 받아야 하고 한 달 이자는 ○○○원이다.

20   년   1일 소득의 10% 금액   원   오늘 지출 금액   원

20   년   1일 소득의 10% 금액   원   오늘 지출 금액   원

20   년   1일 소득의 10% 금액   원   오늘 지출 금액   원

20   년   1일 소득의 10% 금액   원   오늘 지출 금액   원

20   년   1일 소득의 10% 금액   원   오늘 지출 금액   원

223

[자녀에게 재산을 물려줘야 할까?]

20 년	1일 소득의 10% 금액	원	오늘 지출 금액	원

20 년	1일 소득의 10% 금액	원	오늘 지출 금액	원

20 년	1일 소득의 10% 금액	원	오늘 지출 금액	원

20 년	1일 소득의 10% 금액	원	오늘 지출 금액	원

20 년	1일 소득의 10% 금액	원	오늘 지출 금액	원

224

나에게 투자란 ○○○이다.

20 년	1일 소득의 10% 금액	원	오늘 지출 금액	원

20 년	1일 소득의 10% 금액	원	오늘 지출 금액	원

20 년	1일 소득의 10% 금액	원	오늘 지출 금액	원

20 년	1일 소득의 10% 금액	원	오늘 지출 금액	원

20 년	1일 소득의 10% 금액	원	오늘 지출 금액	원

225

[나는 주식을 산 다음
HTS나 MTS를 하루에 ○○번 이상 본다.]

20	년	1일 소득의 10% 금액	원	오늘 지출 금액	원

20	년	1일 소득의 10% 금액	원	오늘 지출 금액	원

20	년	1일 소득의 10% 금액	원	오늘 지출 금액	원

20	년	1일 소득의 10% 금액	원	오늘 지출 금액	원

20	년	1일 소득의 10% 금액	원	오늘 지출 금액	원

226

HTS나 MTS를 자주 보다가
매수매도를 ○○번 이상 한 적이 있다.

20   년   1일 소득의 10% 금액   원   오늘 지출 금액   원

20   년   1일 소득의 10% 금액   원   오늘 지출 금액   원

20   년   1일 소득의 10% 금액   원   오늘 지출 금액   원

20   년   1일 소득의 10% 금액   원   오늘 지출 금액   원

20   년   1일 소득의 10% 금액   원   오늘 지출 금액   원

227

[매수매도를 반복하다가 ○○○를 한 적이 있다.]

20	년	1일 소득의 10% 금액	원	오늘 지출 금액	원

20	년	1일 소득의 10% 금액	원	오늘 지출 금액	원

20	년	1일 소득의 10% 금액	원	오늘 지출 금액	원

20	년	1일 소득의 10% 금액	원	오늘 지출 금액	원

20	년	1일 소득의 10% 금액	원	오늘 지출 금액	원

228

[지난 주식투자 경험을 돌이켜보자면?]

20   년   1일 소득의 10% 금액   원   오늘 지출 금액   원

20   년   1일 소득의 10% 금액   원   오늘 지출 금액   원

20   년   1일 소득의 10% 금액   원   오늘 지출 금액   원

20   년   1일 소득의 10% 금액   원   오늘 지출 금액   원

20   년   1일 소득의 10% 금액   원   오늘 지출 금액   원

229

부동산투자, 아니면 주식투자?

20 년	1일 소득의 10% 금액	원	오늘 지출 금액	원

20 년	1일 소득의 10% 금액	원	오늘 지출 금액	원

20 년	1일 소득의 10% 금액	원	오늘 지출 금액	원

20 년	1일 소득의 10% 금액	원	오늘 지출 금액	원

20 년	1일 소득의 10% 금액	원	오늘 지출 금액	원

230

내가 부자가 되지 못하는 이유
세 가지를 적어보자.

20   년   1일 소득의 10% 금액   원   오늘 지출 금액   원

20   년   1일 소득의 10% 금액   원   오늘 지출 금액   원

20   년   1일 소득의 10% 금액   원   오늘 지출 금액   원

20   년   1일 소득의 10% 금액   원   오늘 지출 금액   원

20   년   1일 소득의 10% 금액   원   오늘 지출 금액   원

231

지금 당장 쓸 돈이 없을 때,
나는 ○○○을 후회한다.

20	년	1일 소득의 10% 금액	원	오늘 지출 금액	원

20	년	1일 소득의 10% 금액	원	오늘 지출 금액	원

20	년	1일 소득의 10% 금액	원	오늘 지출 금액	원

20	년	1일 소득의 10% 금액	원	오늘 지출 금액	원

20	년	1일 소득의 10% 금액	원	오늘 지출 금액	원

232

지금 당장 쓸 돈이 없을 때,
나는 ○○○ 행동을 한다.

[ ]

20 년   1일 소득의 10% 금액   원   오늘 지출 금액   원

20 년   1일 소득의 10% 금액   원   오늘 지출 금액   원

20 년   1일 소득의 10% 금액   원   오늘 지출 금액   원

20 년   1일 소득의 10% 금액   원   오늘 지출 금액   원

20 년   1일 소득의 10% 금액   원   오늘 지출 금액   원

233

내가 노후 준비를 하지 못하는 세 가지 이유는?

20 년   1일 소득의 10% 금액   원   오늘 지출 금액   원

20 년   1일 소득의 10% 금액   원   오늘 지출 금액   원

20 년   1일 소득의 10% 금액   원   오늘 지출 금액   원

20 년   1일 소득의 10% 금액   원   오늘 지출 금액   원

20 년   1일 소득의 10% 금액   원   오늘 지출 금액   원

234

10년 후, ○○○원을 모으기 위한
구체적인 계획을 짜보자면?

20	년	1일 소득의 10% 금액	원	오늘 지출 금액	원

20	년	1일 소득의 10% 금액	원	오늘 지출 금액	원

20	년	1일 소득의 10% 금액	원	오늘 지출 금액	원

20	년	1일 소득의 10% 금액	원	오늘 지출 금액	원

20	년	1일 소득의 10% 금액	원	오늘 지출 금액	원

235

소득을 늘리기 위한
3단계 계획을 세워보자.

20	년	1일 소득의 10% 금액	원	오늘 지출 금액	원

20	년	1일 소득의 10% 금액	원	오늘 지출 금액	원

20	년	1일 소득의 10% 금액	원	오늘 지출 금액	원

20	년	1일 소득의 10% 금액	원	오늘 지출 금액	원

20	년	1일 소득의 10% 금액	원	오늘 지출 금액	원

236

투자를 잘 하기 위한
3단계 계획을 세워보자

20 [ ] 년 1일 소득의 10% 금액 [ ] 원 오늘 지출 금액 [ ] 원

20 [ ] 년 1일 소득의 10% 금액 [ ] 원 오늘 지출 금액 [ ] 원

20 [ ] 년 1일 소득의 10% 금액 [ ] 원 오늘 지출 금액 [ ] 원

20 [ ] 년 1일 소득의 10% 금액 [ ] 원 오늘 지출 금액 [ ] 원

20 [ ] 년 1일 소득의 10% 금액 [ ] 원 오늘 지출 금액 [ ] 원

저금리·저성장 시대에 주식 투자는 노후를 위해 더욱 필요하다.

237

내 라이프스타일은?

20 년 1일 소득의 10% 금액 원 오늘 지출 금액 원

20 년 1일 소득의 10% 금액 원 오늘 지출 금액 원

20 년 1일 소득의 10% 금액 원 오늘 지출 금액 원

20 년 1일 소득의 10% 금액 원 오늘 지출 금액 원

20 년 1일 소득의 10% 금액 원 오늘 지출 금액 원

좋은 기업에는 돈이 몰리게 돼 있다.

238

주식투자로 큰 성공을 했다.
회사를 그만둘 것인가?

[20 년 1일 소득의 10% 금액 　　원 오늘 지출 금액 　　원]

20 년 1일 소득의 10% 금액 　　원 오늘 지출 금액 　　원

20 년 1일 소득의 10% 금액 　　원 오늘 지출 금액 　　원

20 년 1일 소득의 10% 금액 　　원 오늘 지출 금액 　　원

20 년 1일 소득의 10% 금액 　　원 오늘 지출 금액 　　원

239

로또에 당첨돼 10억이 생겼다.
이 돈을 어떻게 할까?

20	년	1일 소득의 10% 금액	원	오늘 지출 금액	원

20	년	1일 소득의 10% 금액	원	오늘 지출 금액	원

20	년	1일 소득의 10% 금액	원	오늘 지출 금액	원

20	년	1일 소득의 10% 금액	원	오늘 지출 금액	원

20	년	1일 소득의 10% 금액	원	오늘 지출 금액	원

240

세무사에게 세무 관련 업무 상담을
받아본 적이 있는가?

20   년   1일 소득의 10% 금액   원   오늘 지출 금액   원

20   년   1일 소득의 10% 금액   원   오늘 지출 금액   원

20   년   1일 소득의 10% 금액   원   오늘 지출 금액   원

20   년   1일 소득의 10% 금액   원   오늘 지출 금액   원

20   년   1일 소득의 10% 금액   원   오늘 지출 금액   원

241

[지금 들고 있는 보험의 약정을 정확히 알고 있나?]

20　　년　　1일 소득의 10% 금액　　　원　오늘 지출 금액　　　원

20　　년　　1일 소득의 10% 금액　　　원　오늘 지출 금액　　　원

20　　년　　1일 소득의 10% 금액　　　원　오늘 지출 금액　　　원

20　　년　　1일 소득의 10% 금액　　　원　오늘 지출 금액　　　원

20　　년　　1일 소득의 10% 금액　　　원　오늘 지출 금액　　　원

242

지금 당장 가질 여력이 안 되는데, 무리해서 구입한 물건은?

20   년   1일 소득의 10% 금액   원   오늘 지출 금액   원

20   년   1일 소득의 10% 금액   원   오늘 지출 금액   원

20   년   1일 소득의 10% 금액   원   오늘 지출 금액   원

20   년   1일 소득의 10% 금액   원   오늘 지출 금액   원

20   년   1일 소득의 10% 금액   원   오늘 지출 금액   원

243

나는 ○○○을 사느라
카드 할부를 사용한 적이 있다.

20	년	1일 소득의 10% 금액	원	오늘 지출 금액	원

20	년	1일 소득의 10% 금액	원	오늘 지출 금액	원

20	년	1일 소득의 10% 금액	원	오늘 지출 금액	원

20	년	1일 소득의 10% 금액	원	오늘 지출 금액	원

20	년	1일 소득의 10% 금액	원	오늘 지출 금액	원

244

[카드 결제 기한을 못 지킨 경험은?]

20	년	1일 소득의 10% 금액	원	오늘 지출 금액	원

20	년	1일 소득의 10% 금액	원	오늘 지출 금액	원

20	년	1일 소득의 10% 금액	원	오늘 지출 금액	원

20	년	1일 소득의 10% 금액	원	오늘 지출 금액	원

20	년	1일 소득의 10% 금액	원	오늘 지출 금액	원

작은 기업도 가치투자 할 수 있고, 큰 기업에도 가치투자를 할 수 있다.

245

[1년 전으로 돌아가서 ○○○을 하고 싶다.]

20	년	1일 소득의 10% 금액	원	오늘 지출 금액	원

20	년	1일 소득의 10% 금액	원	오늘 지출 금액	원

20	년	1일 소득의 10% 금액	원	오늘 지출 금액	원

20	년	1일 소득의 10% 금액	원	오늘 지출 금액	원

20	년	1일 소득의 10% 금액	원	오늘 지출 금액	원

246

돈, 돈, 돈 하는 소리가
가끔 속물처럼 느껴질 때가 있나?

20	년	1일 소득의 10% 금액	원	오늘 지출 금액	원

20	년	1일 소득의 10% 금액	원	오늘 지출 금액	원

20	년	1일 소득의 10% 금액	원	오늘 지출 금액	원

20	년	1일 소득의 10% 금액	원	오늘 지출 금액	원

20	년	1일 소득의 10% 금액	원	오늘 지출 금액	원

247

[부자에 대한 선입견이 있다면?]

20 년	1일 소득의 10% 금액	원	오늘 지출 금액	원

20 년	1일 소득의 10% 금액	원	오늘 지출 금액	원

20 년	1일 소득의 10% 금액	원	오늘 지출 금액	원

20 년	1일 소득의 10% 금액	원	오늘 지출 금액	원

20 년	1일 소득의 10% 금액	원	오늘 지출 금액	원

248

[돈 때문에 서러운 적은?]

20 년	1일 소득의 10% 금액	원	오늘 지출 금액	원

20 년	1일 소득의 10% 금액	원	오늘 지출 금액	원

20 년	1일 소득의 10% 금액	원	오늘 지출 금액	원

20 년	1일 소득의 10% 금액	원	오늘 지출 금액	원

20 년	1일 소득의 10% 금액	원	오늘 지출 금액	원

노년층도 장기투자하는 게 맞다. 100세까지 살 것이기 때문이다.
다만, 주식 비중을 줄이는 방식으로 해야 한다.

249

[**지금 내 주식투자 수익률은
종목별로 각각 몇 %인가?**]

20	년	1일 소득의 10% 금액	원	오늘 지출 금액	원

20	년	1일 소득의 10% 금액	원	오늘 지출 금액	원

20	년	1일 소득의 10% 금액	원	오늘 지출 금액	원

20	년	1일 소득의 10% 금액	원	오늘 지출 금액	원

20	년	1일 소득의 10% 금액	원	오늘 지출 금액	원

250

[나는 ○○○회사의 주식을 사서 장기투자할 계획이 있다.]

20	년	1일 소득의 10% 금액	원	오늘 지출 금액	원

20	년	1일 소득의 10% 금액	원	오늘 지출 금액	원

20	년	1일 소득의 10% 금액	원	오늘 지출 금액	원

20	년	1일 소득의 10% 금액	원	오늘 지출 금액	원

20	년	1일 소득의 10% 금액	원	오늘 지출 금액	원

251

[기업의 펀더멘털이란 무엇일까? 공부해보자.]

20 년	1일 소득의 10% 금액	원	오늘 지출 금액	원

20 년	1일 소득의 10% 금액	원	오늘 지출 금액	원

20 년	1일 소득의 10% 금액	원	오늘 지출 금액	원

20 년	1일 소득의 10% 금액	원	오늘 지출 금액	원

20 년	1일 소득의 10% 금액	원	오늘 지출 금액	원

252

내가 생각하는
펀더멘털이 좋은 회사는 ○○○이다.

20	년	1일 소득의 10% 금액	원	오늘 지출 금액	원

20	년	1일 소득의 10% 금액	원	오늘 지출 금액	원

20	년	1일 소득의 10% 금액	원	오늘 지출 금액	원

20	년	1일 소득의 10% 금액	원	오늘 지출 금액	원

20	년	1일 소득의 10% 금액	원	오늘 지출 금액	원

253

[나는 왜 투자에 실패할까?]

20　　년　　1일 소득의 10% 금액　　　원　오늘 지출 금액　　　원

_____

_____

20　　년　　1일 소득의 10% 금액　　　원　오늘 지출 금액　　　원

_____

_____

20　　년　　1일 소득의 10% 금액　　　원　오늘 지출 금액　　　원

_____

_____

20　　년　　1일 소득의 10% 금액　　　원　오늘 지출 금액　　　원

_____

_____

20　　년　　1일 소득의 10% 금액　　　원　오늘 지출 금액　　　원

_____

_____

254

투자의 위험성을
줄이는 방법에는 무엇이 있을까?

20   년   1일 소득의 10% 금액   원   오늘 지출 금액   원

20   년   1일 소득의 10% 금액   원   오늘 지출 금액   원

20   년   1일 소득의 10% 금액   원   오늘 지출 금액   원

20   년   1일 소득의 10% 금액   원   오늘 지출 금액   원

20   년   1일 소득의 10% 금액   원   오늘 지출 금액   원

255

[나는 좋은 투자 습관을 만들기 위해
○○○노력을 하고 있다.]

| 20 | 년 | 1일 소득의 10% 금액 | 원 | 오늘 지출 금액 | 원 |

| 20 | 년 | 1일 소득의 10% 금액 | 원 | 오늘 지출 금액 | 원 |

| 20 | 년 | 1일 소득의 10% 금액 | 원 | 오늘 지출 금액 | 원 |

| 20 | 년 | 1일 소득의 10% 금액 | 원 | 오늘 지출 금액 | 원 |

| 20 | 년 | 1일 소득의 10% 금액 | 원 | 오늘 지출 금액 | 원 |

256

기업의 재무제표를 보고 투자하고 있는가?

20   년   1일 소득의 10% 금액   원   오늘 지출 금액   원

20   년   1일 소득의 10% 금액   원   오늘 지출 금액   원

20   년   1일 소득의 10% 금액   원   오늘 지출 금액   원

20   년   1일 소득의 10% 금액   원   오늘 지출 금액   원

20   년   1일 소득의 10% 금액   원   오늘 지출 금액   원

많은 사람들이 가난해지려고 노력하고 있다.
얼마나 빨리 가난해질 수 있는지 경쟁하는 것처럼 보인다.

257

[재무제표란 ○○○라고 설명할 수 있다.]

20	년	1일 소득의 10% 금액	원	오늘 지출 금액	원

20	년	1일 소득의 10% 금액	원	오늘 지출 금액	원

20	년	1일 소득의 10% 금액	원	오늘 지출 금액	원

20	년	1일 소득의 10% 금액	원	오늘 지출 금액	원

20	년	1일 소득의 10% 금액	원	오늘 지출 금액	원

258

대한민국의 최저임금은?

20 년 | 1일 소득의 10% 금액 원 | 오늘 지출 금액 원

20 년 | 1일 소득의 10% 금액 원 | 오늘 지출 금액 원

20 년 | 1일 소득의 10% 금액 원 | 오늘 지출 금액 원

20 년 | 1일 소득의 10% 금액 원 | 오늘 지출 금액 원

20 년 | 1일 소득의 10% 금액 원 | 오늘 지출 금액 원

259

[올해 초부터 소비자물가는 몇 % 올랐는가?]

20 년	1일 소득의 10% 금액	원	오늘 지출 금액	원

20 년	1일 소득의 10% 금액	원	오늘 지출 금액	원

20 년	1일 소득의 10% 금액	원	오늘 지출 금액	원

20 년	1일 소득의 10% 금액	원	오늘 지출 금액	원

20 년	1일 소득의 10% 금액	원	오늘 지출 금액	원

260

[우리나라의 지난 해 명목 GDP는 ○○○원이고
실질 GDP는 ○○○원이다.]

20 년	1일 소득의 10% 금액	원	오늘 지출 금액	원

20 년	1일 소득의 10% 금액	원	오늘 지출 금액	원

20 년	1일 소득의 10% 금액	원	오늘 지출 금액	원

20 년	1일 소득의 10% 금액	원	오늘 지출 금액	원

20 년	1일 소득의 10% 금액	원	오늘 지출 금액	원

기업에 언제 투자할지를 잴 게 아니라, 철저한 기업 분석을 통해
'어떤 기업에 투자할 것인가'를 신중하게 정해야 한다.

261

[지금 내가 쓰고 있는 물건 중에
○○○을 빼면 생활이 안 된다.]

20   년   1일 소득의 10% 금액   원   오늘 지출 금액   원

20   년   1일 소득의 10% 금액   원   오늘 지출 금액   원

20   년   1일 소득의 10% 금액   원   오늘 지출 금액   원

20   년   1일 소득의 10% 금액   원   오늘 지출 금액   원

20   년   1일 소득의 10% 금액   원   오늘 지출 금액   원

262

[내가 생각하기에 미래에 성장이
가능할 것 같은 산업은 ○○○분야다.]

20   년   1일 소득의 10% 금액   원   오늘 지출 금액   원

20   년   1일 소득의 10% 금액   원   오늘 지출 금액   원

20   년   1일 소득의 10% 금액   원   오늘 지출 금액   원

20   년   1일 소득의 10% 금액   원   오늘 지출 금액   원

20   년   1일 소득의 10% 금액   원   오늘 지출 금액   원

263

[나는 주로 친구들과 ○○○을 통해 메시지를 주고 받는다.]

20	년	1일 소득의 10% 금액	원	오늘 지출 금액	원

20	년	1일 소득의 10% 금액	원	오늘 지출 금액	원

20	년	1일 소득의 10% 금액	원	오늘 지출 금액	원

20	년	1일 소득의 10% 금액	원	오늘 지출 금액	원

20	년	1일 소득의 10% 금액	원	오늘 지출 금액	원

돈을 어떻게 벌고, 어떻게 소비하고, 투자할 것인가에 대해
효율적으로 결정할 수 있는 지식을 쌓아야 한다.

264

[내가 주식을 파는 기준은 ○○○이다.]

20   년   1일 소득의 10% 금액   원   오늘 지출 금액   원

20   년   1일 소득의 10% 금액   원   오늘 지출 금액   원

20   년   1일 소득의 10% 금액   원   오늘 지출 금액   원

20   년   1일 소득의 10% 금액   원   오늘 지출 금액   원

20   년   1일 소득의 10% 금액   원   오늘 지출 금액   원

265

내가 주식을 사는 기준은 ○○○이다.

20 년   1일 소득의 10% 금액   원   오늘 지출 금액   원

20 년   1일 소득의 10% 금액   원   오늘 지출 금액   원

20 년   1일 소득의 10% 금액   원   오늘 지출 금액   원

20 년   1일 소득의 10% 금액   원   오늘 지출 금액   원

20 년   1일 소득의 10% 금액   원   오늘 지출 금액   원

266

[최근 가장 핫한 소비 트렌드는?]

20   년   1일 소득의 10% 금액   원   오늘 지출 금액   원

20   년   1일 소득의 10% 금액   원   오늘 지출 금액   원

20   년   1일 소득의 10% 금액   원   오늘 지출 금액   원

20   년   1일 소득의 10% 금액   원   오늘 지출 금액   원

20   년   1일 소득의 10% 금액   원   오늘 지출 금액   원

267

나는 ○○시에 일어나서 ○○분간 공부를 하겠다.

20 　년　　1일 소득의 10% 금액　　　원　오늘 지출 금액　　　원

20 　년　　1일 소득의 10% 금액　　　원　오늘 지출 금액　　　원

20 　년　　1일 소득의 10% 금액　　　원　오늘 지출 금액　　　원

20 　년　　1일 소득의 10% 금액　　　원　오늘 지출 금액　　　원

20 　년　　1일 소득의 10% 금액　　　원　오늘 지출 금액　　　원

내가 주식을 산다는 건 해당 회사의 주인이 되는 것이다.
전 국민이 회사 주인이면 모두 잘 살게 된다.

268

금융 지식이 전혀 없어 손해를 본 적은?

20 년　1일 소득의 10% 금액　원　오늘 지출 금액　원

20 년　1일 소득의 10% 금액　원　오늘 지출 금액　원

20 년　1일 소득의 10% 금액　원　오늘 지출 금액　원

20 년　1일 소득의 10% 금액　원　오늘 지출 금액　원

20 년　1일 소득의 10% 금액　원　오늘 지출 금액　원

269

미래의 나는 지금의 나보다
○○○면에서 나은 사람이다.

20	년	1일 소득의 10% 금액	원	오늘 지출 금액	원

20	년	1일 소득의 10% 금액	원	오늘 지출 금액	원

20	년	1일 소득의 10% 금액	원	오늘 지출 금액	원

20	년	1일 소득의 10% 금액	원	오늘 지출 금액	원

20	년	1일 소득의 10% 금액	원	오늘 지출 금액	원

떨어지면 슬퍼하고, 올라가면 좋아한다. 그건 투자가 아니라 도박장에 돈을 건 것이나 다름없다.

270

[구두쇠를 어떻게 생각하고 있나?]

20 년　1일 소득의 10% 금액　원　오늘 지출 금액　원

20 년　1일 소득의 10% 금액　원　오늘 지출 금액　원

20 년　1일 소득의 10% 금액　원　오늘 지출 금액　원

20 년　1일 소득의 10% 금액　원　오늘 지출 금액　원

20 년　1일 소득의 10% 금액　원　오늘 지출 금액　원

271

[내가 부자가 되려고 하는 이유는?]

20	년	1일 소득의 10% 금액	원	오늘 지출 금액	원

20	년	1일 소득의 10% 금액	원	오늘 지출 금액	원

20	년	1일 소득의 10% 금액	원	오늘 지출 금액	원

20	년	1일 소득의 10% 금액	원	오늘 지출 금액	원

20	년	1일 소득의 10% 금액	원	오늘 지출 금액	원

272

[감가상각비란 무엇일까?]

20 년	1일 소득의 10% 금액	원	오늘 지출 금액	원

20 년	1일 소득의 10% 금액	원	오늘 지출 금액	원

20 년	1일 소득의 10% 금액	원	오늘 지출 금액	원

20 년	1일 소득의 10% 금액	원	오늘 지출 금액	원

20 년	1일 소득의 10% 금액	원	오늘 지출 금액	원

빚으로 한 투자는 시장 변동성이 큰 시기가 오면 버텨낼 수 없다.

273

지난 1년 동안 내 자산이 가져다준 순이익은?

20	년	1일 소득의 10% 금액	원	오늘 지출 금액	원

20	년	1일 소득의 10% 금액	원	오늘 지출 금액	원

20	년	1일 소득의 10% 금액	원	오늘 지출 금액	원

20	년	1일 소득의 10% 금액	원	오늘 지출 금액	원

20	년	1일 소득의 10% 금액	원	오늘 지출 금액	원

274

[지난 1년 동안 ○○○을 하지 않았다면
내 순이익은 ○○○원이었을 것이다.]

20 년 1일 소득의 10% 금액 원 오늘 지출 금액 원

20 년 1일 소득의 10% 금액 원 오늘 지출 금액 원

20 년 1일 소득의 10% 금액 원 오늘 지출 금액 원

20 년 1일 소득의 10% 금액 원 오늘 지출 금액 원

20 년 1일 소득의 10% 금액 원 오늘 지출 금액 원

가치에 비해 저평가된 종목을 골랐다고 해도 분산투자는 필수다.

275

내가 만난 부자는 ○○○때문에 싫었다.

20	년	1일 소득의 10% 금액	원	오늘 지출 금액	원

20	년	1일 소득의 10% 금액	원	오늘 지출 금액	원

20	년	1일 소득의 10% 금액	원	오늘 지출 금액	원

20	년	1일 소득의 10% 금액	원	오늘 지출 금액	원

20	년	1일 소득의 10% 금액	원	오늘 지출 금액	원

276

하이리스크 하이리턴을 경험해본 적이 있는가?

20   년   1일 소득의 10% 금액   원   오늘 지출 금액   원

20   년   1일 소득의 10% 금액   원   오늘 지출 금액   원

20   년   1일 소득의 10% 금액   원   오늘 지출 금액   원

20   년   1일 소득의 10% 금액   원   오늘 지출 금액   원

20   년   1일 소득의 10% 금액   원   오늘 지출 금액   원

277

[비트코인 같은 가상화폐에 대해
어떻게 생각하는가?]

20　　년　　1일 소득의 10% 금액　　　원　오늘 지출 금액　　　원

20　　년　　1일 소득의 10% 금액　　　원　오늘 지출 금액　　　원

20　　년　　1일 소득의 10% 금액　　　원　오늘 지출 금액　　　원

20　　년　　1일 소득의 10% 금액　　　원　오늘 지출 금액　　　원

20　　년　　1일 소득의 10% 금액　　　원　오늘 지출 금액　　　원

278

어렸을 때부터 ○○○을 배웠다면 좋았을 텐데.

20　　년　　1일 소득의 10% 금액　　　원　오늘 지출 금액　　　원

20　　년　　1일 소득의 10% 금액　　　원　오늘 지출 금액　　　원

20　　년　　1일 소득의 10% 금액　　　원　오늘 지출 금액　　　원

20　　년　　1일 소득의 10% 금액　　　원　오늘 지출 금액　　　원

20　　년　　1일 소득의 10% 금액　　　원　오늘 지출 금액　　　원

279

내가 읽은 경제경영 서적 중에
가장 도움이 됐던 책은 ○○○이다.

20   년   1일 소득의 10% 금액   원   오늘 지출 금액   원

20   년   1일 소득의 10% 금액   원   오늘 지출 금액   원

20   년   1일 소득의 10% 금액   원   오늘 지출 금액   원

20   년   1일 소득의 10% 금액   원   오늘 지출 금액   원

20   년   1일 소득의 10% 금액   원   오늘 지출 금액   원

280

어떤 소비가 착한 소비일까?

20   년   1일 소득의 10% 금액   원   오늘 지출 금액   원

20   년   1일 소득의 10% 금액   원   오늘 지출 금액   원

20   년   1일 소득의 10% 금액   원   오늘 지출 금액   원

20   년   1일 소득의 10% 금액   원   오늘 지출 금액   ,원

20   년   1일 소득의 10% 금액   원   오늘 지출 금액   원

281

[어떤 투자가 좋은 투자일까?]

20   년   1일 소득의 10% 금액   원   오늘 지출 금액   원

20   년   1일 소득의 10% 금액   원   오늘 지출 금액   원

20   년   1일 소득의 10% 금액   원   오늘 지출 금액   원

20   년   1일 소득의 10% 금액   원   오늘 지출 금액   원

20   년   1일 소득의 10% 금액   원   오늘 지출 금액   원

282

20살 이후, 내가 쓴 돈은 얼마 정도일까?

20 년 　1일 소득의 10% 금액 　　원 　오늘 지출 금액 　　원

20 년 　1일 소득의 10% 금액 　　원 　오늘 지출 금액 　　원

20 년 　1일 소득의 10% 금액 　　원 　오늘 지출 금액 　　원

20 년 　1일 소득의 10% 금액 　　원 　오늘 지출 금액 　　원

20 년 　1일 소득의 10% 금액 　　원 　오늘 지출 금액 　　원

283

[20살 이후, 내가 번 돈은 얼마 정도일까?]

20 년   1일 소득의 10% 금액   원   오늘 지출 금액   원

---

20 년   1일 소득의 10% 금액   원   오늘 지출 금액   원

---

20 년   1일 소득의 10% 금액   원   오늘 지출 금액   원

---

20 년   1일 소득의 10% 금액   원   오늘 지출 금액   원

---

20 년   1일 소득의 10% 금액   원   오늘 지출 금액   원

284

연말정산할 때,
소득공제에 대해 얼마만큼 알고 있나?

20 년　1일 소득의 10% 금액　　원　오늘 지출 금액　　원

20 년　1일 소득의 10% 금액　　원　오늘 지출 금액　　원

20 년　1일 소득의 10% 금액　　원　오늘 지출 금액　　원

20 년　1일 소득의 10% 금액　　원　오늘 지출 금액　　원

20 년　1일 소득의 10% 금액　　원　오늘 지출 금액　　원

285

주식투자를 결정할 때,
사업보고서를 읽은 경험은?

20	년	1일 소득의 10% 금액	원	오늘 지출 금액	원

20	년	1일 소득의 10% 금액	원	오늘 지출 금액	원

20	년	1일 소득의 10% 금액	원	오늘 지출 금액	원

20	년	1일 소득의 10% 금액	원	오늘 지출 금액	원

20	년	1일 소득의 10% 금액	원	오늘 지출 금액	원

286

즐겨보는 재테크 유튜브 채널이 있는가?

20   년   1일 소득의 10% 금액   원   오늘 지출 금액   원

20   년   1일 소득의 10% 금액   원   오늘 지출 금액   원

20   년   1일 소득의 10% 금액   원   오늘 지출 금액   원

20   년   1일 소득의 10% 금액   원   오늘 지출 금액   원

20   년   1일 소득의 10% 금액   원   오늘 지출 금액   원

287

[나는 ○○○상황에서
스스로 금융문맹이라고 생각했다.]

20	년	1일 소득의 10% 금액	원	오늘 지출 금액	원

20	년	1일 소득의 10% 금액	원	오늘 지출 금액	원

20	년	1일 소득의 10% 금액	원	오늘 지출 금액	원

20	년	1일 소득의 10% 금액	원	오늘 지출 금액	원

20	년	1일 소득의 10% 금액	원	오늘 지출 금액	원

288

[투자의 목적은 무엇일까?]

20   년   1일 소득의 10% 금액   원   오늘 지출 금액   원

20   년   1일 소득의 10% 금액   원   오늘 지출 금액   원

20   년   1일 소득의 10% 금액   원   오늘 지출 금액   원

20   년   1일 소득의 10% 금액   원   오늘 지출 금액   원

20   년   1일 소득의 10% 금액   원   오늘 지출 금액   원

289

['돈'에 있어서 내가 사람들에게 자주 듣는 말은?]

20 년   1일 소득의 10% 금액   원   오늘 지출 금액   원

20 년   1일 소득의 10% 금액   원   오늘 지출 금액   원

20 년   1일 소득의 10% 금액   원   오늘 지출 금액   원

20 년   1일 소득의 10% 금액   원   오늘 지출 금액   원

20 년   1일 소득의 10% 금액   원   오늘 지출 금액   원

선진국은 인종과 성별 등 다양성을 중시한다.
이는 회사나 나라의 경쟁력에 큰 영향을 미친다.

290

[창업자금을 따로 모으고 있는가?]

20___년___   1일 소득의 10% 금액___원   오늘 지출 금액___원

20___년___   1일 소득의 10% 금액___원   오늘 지출 금액___원

20___년___   1일 소득의 10% 금액___원   오늘 지출 금액___원

20___년___   1일 소득의 10% 금액___원   오늘 지출 금액___원

20___년___   1일 소득의 10% 금액___원   오늘 지출 금액___원

291

[내 창업 아이디어를 다른 사람들에게 말했을 때 반응이 어땠나?]

20	년	1일 소득의 10% 금액	원	오늘 지출 금액	원

20	년	1일 소득의 10% 금액	원	오늘 지출 금액	원

20	년	1일 소득의 10% 금액	원	오늘 지출 금액	원

20	년	1일 소득의 10% 금액	원	오늘 지출 금액	원

20	년	1일 소득의 10% 금액	원	오늘 지출 금액	원

292

내가 직장생활(자영업)을 하면서
가장 힘든 것은 ○○○때문이었다.

20   년   1일 소득의 10% 금액   원   오늘 지출 금액   원

20   년   1일 소득의 10% 금액   원   오늘 지출 금액   원

20   년   1일 소득의 10% 금액   원   오늘 지출 금액   원

20   년   1일 소득의 10% 금액   원   오늘 지출 금액   원

20   년   1일 소득의 10% 금액   원   오늘 지출 금액   원

293

[나는 지금 주식투자를 할 수 있는
여유자금이 ○○○원 정도 있다.]

20 년   1일 소득의 10% 금액   원 오늘 지출 금액   원

20 년   1일 소득의 10% 금액   원 오늘 지출 금액   원

20 년   1일 소득의 10% 금액   원 오늘 지출 금액   원

20 년   1일 소득의 10% 금액   원 오늘 지출 금액   원

20 년   1일 소득의 10% 금액   원 오늘 지출 금액   원

294

만약 회사를 창업한다면
연매출 ○○○정도 올리는 회사를 만들고 싶다.

20   년   1일 소득의 10% 금액   원   오늘 지출 금액   원

20   년   1일 소득의 10% 금액   원   오늘 지출 금액   원

20   년   1일 소득의 10% 금액   원   오늘 지출 금액   원

20   년   1일 소득의 10% 금액   원   오늘 지출 금액   원

20   년   1일 소득의 10% 금액   원   오늘 지출 금액   원

295

내가 만든 회사에서 일하는 사람에게
누리게 하고 싶은 복지는?

20   년   1일 소득의 10% 금액   원   오늘 지출 금액   원

20   년   1일 소득의 10% 금액   원   오늘 지출 금액   원

20   년   1일 소득의 10% 금액   원   오늘 지출 금액   원

20   년   1일 소득의 10% 금액   원   오늘 지출 금액   원

20   년   1일 소득의 10% 금액   원   오늘 지출 금액   원

296

돈 때문에 울어본 적은?

20	년	1일 소득의 10% 금액	원	오늘 지출 금액	원

20	년	1일 소득의 10% 금액	원	오늘 지출 금액	원

20	년	1일 소득의 10% 금액	원	오늘 지출 금액	원

20	년	1일 소득의 10% 금액	원	오늘 지출 금액	원

20	년	1일 소득의 10% 금액	원	오늘 지출 금액	원

297

[카드 한도 초과에 대한 생각은?]

20   년   1일 소득의 10% 금액   원   오늘 지출 금액   원

20   년   1일 소득의 10% 금액   원   오늘 지출 금액   원

20   년   1일 소득의 10% 금액   원   오늘 지출 금액   원

20   년   1일 소득의 10% 금액   원   오늘 지출 금액   원

20   년   1일 소득의 10% 금액   원   오늘 지출 금액   원

298

[○○○을 하기 위해
보유하고 있는 주식을 팔아본 적이 있다.]

20   년   1일 소득의 10% 금액   원   오늘 지출 금액   원

20   년   1일 소득의 10% 금액   원   오늘 지출 금액   원

20   년   1일 소득의 10% 금액   원   오늘 지출 금액   원

20   년   1일 소득의 10% 금액   원   오늘 지출 금액   원

20   년   1일 소득의 10% 금액   원   오늘 지출 금액   원

299

앞길이 막막할 때
내게 정말 도움이 될 사람이 있을까?

20 년 　1일 소득의 10% 금액 　원 　오늘 지출 금액 　원

20 년 　1일 소득의 10% 금액 　원 　오늘 지출 금액 　원

20 년 　1일 소득의 10% 금액 　원 　오늘 지출 금액 　원

20 년 　1일 소득의 10% 금액 　원 　오늘 지출 금액 　원

20 년 　1일 소득의 10% 금액 　원 　오늘 지출 금액 　원

300

[나의 투자 철학을 정립해보자.]

20   년   1일 소득의 10% 금액   원   오늘 지출 금액   원

_____

_____

20   년   1일 소득의 10% 금액   원   오늘 지출 금액   원

_____

_____

20   년   1일 소득의 10% 금액   원   오늘 지출 금액   원

_____

_____

20   년   1일 소득의 10% 금액   원   오늘 지출 금액   원

_____

_____

20   년   1일 소득의 10% 금액   원   오늘 지출 금액   원

_____

_____

301

[돈은 왜 필요할까?]

20 년 1일 소득의 10% 금액 원 오늘 지출 금액 원

20 년 1일 소득의 10% 금액 원 오늘 지출 금액 원

20 년 1일 소득의 10% 금액 원 오늘 지출 금액 원

20 년 1일 소득의 10% 금액 원 오늘 지출 금액 원

20 년 1일 소득의 10% 금액 원 오늘 지출 금액 원

302

돈은 어떻게 만들어지고 어디로 흘러갈까?

20   년   1일 소득의 10% 금액   원   오늘 지출 금액   원

20   년   1일 소득의 10% 금액   원   오늘 지출 금액   원

20   년   1일 소득의 10% 금액   원   오늘 지출 금액   원

20   년   1일 소득의 10% 금액   원   오늘 지출 금액   원

20   년   1일 소득의 10% 금액   원   오늘 지출 금액   원

303

[지금 나는 비상금 ○○○원이 있다.]

20	년	1일 소득의 10% 금액	원	오늘 지출 금액	원

20	년	1일 소득의 10% 금액	원	오늘 지출 금액	원

20	년	1일 소득의 10% 금액	원	오늘 지출 금액	원

20	년	1일 소득의 10% 금액	원	오늘 지출 금액	원

20	년	1일 소득의 10% 금액	원	오늘 지출 금액	원

304

[오늘 나는 ○○○을 하기 위해 ○○○원을 지출했다.]

20 년	1일 소득의 10% 금액	원	오늘 지출 금액	원

20 년	1일 소득의 10% 금액	원	오늘 지출 금액	원

20 년	1일 소득의 10% 금액	원	오늘 지출 금액	원

20 년	1일 소득의 10% 금액	원	오늘 지출 금액	원

20 년	1일 소득의 10% 금액	원	오늘 지출 금액	원

305

[10일 안에 가장 큰 지출이 될 것으로
예상되는 분야와 지출 규모는?]

20 　년　1일 소득의 10% 금액　　원　오늘 지출 금액　　원

20 　년　1일 소득의 10% 금액　　원　오늘 지출 금액　　원

20 　년　1일 소득의 10% 금액　　원　오늘 지출 금액　　원

20 　년　1일 소득의 10% 금액　　원　오늘 지출 금액　　원

20 　년　1일 소득의 10% 금액　　원　오늘 지출 금액　　원

306

나는 어렸을 때 ○○○가 없어서
서러운 적이 있다.

20	년	1일 소득의 10% 금액	원	오늘 지출 금액	원

20	년	1일 소득의 10% 금액	원	오늘 지출 금액	원

20	년	1일 소득의 10% 금액	원	오늘 지출 금액	원

20	년	1일 소득의 10% 금액	원	오늘 지출 금액	원

20	년	1일 소득의 10% 금액	원	오늘 지출 금액	원

307

하루 교통비(자동차 운행비)는 어느 정도?

20	년	1일 소득의 10% 금액	원	오늘 지출 금액	원

20	년	1일 소득의 10% 금액	원	오늘 지출 금액	원

20	년	1일 소득의 10% 금액	원	오늘 지출 금액	원

20	년	1일 소득의 10% 금액	원	오늘 지출 금액	원

20	년	1일 소득의 10% 금액	원	오늘 지출 금액	원

308

지금 내 또래의 자산이 어느 정도인지 알아본 적이 있는가?

20	년	1일 소득의 10% 금액	원	오늘 지출 금액	원

20	년	1일 소득의 10% 금액	원	오늘 지출 금액	원

20	년	1일 소득의 10% 금액	원	오늘 지출 금액	원

20	년	1일 소득의 10% 금액	원	오늘 지출 금액	원

20	년	1일 소득의 10% 금액	원	오늘 지출 금액	원

309

나는 지금까지 계획적으로 살았을까?

20	년	1일 소득의 10% 금액	원	오늘 지출 금액	원

20	년	1일 소득의 10% 금액	원	오늘 지출 금액	원

20	년	1일 소득의 10% 금액	원	오늘 지출 금액	원

20	년	1일 소득의 10% 금액	원	오늘 지출 금액	원

20	년	1일 소득의 10% 금액	원	오늘 지출 금액	원

310

앞으로 일주일의 일정을 정리해보자면?

20	년	1일 소득의 10% 금액	원	오늘 지출 금액	원

20	년	1일 소득의 10% 금액	원	오늘 지출 금액	원

20	년	1일 소득의 10% 금액	원	오늘 지출 금액	원

20	년	1일 소득의 10% 금액	원	오늘 지출 금액	원

20	년	1일 소득의 10% 금액	원	오늘 지출 금액	원

돈을 모른다는 것은 삶을 유지하는 방법을 모른다는 것이다.

311

[
**경제독립을 위해
내가 가장 먼저 해야 할 일은 무엇일까?**
]

20 년	1일 소득의 10% 금액	원	오늘 지출 금액	원

20 년	1일 소득의 10% 금액	원	오늘 지출 금액	원

20 년	1일 소득의 10% 금액	원	오늘 지출 금액	원

20 년	1일 소득의 10% 금액	원	오늘 지출 금액	원

20 년	1일 소득의 10% 금액	원	오늘 지출 금액	원

312

우리 아이가 대학을 안 가고
창업을 하겠다고 하면 ○○○라고 말하겠다.

20	년	1일 소득의 10% 금액	원	오늘 지출 금액	원

20	년	1일 소득의 10% 금액	원	오늘 지출 금액	원

20	년	1일 소득의 10% 금액	원	오늘 지출 금액	원

20	년	1일 소득의 10% 금액	원	오늘 지출 금액	원

20	년	1일 소득의 10% 금액	원	오늘 지출 금액	원

313

['묻지마 투자'를 한 적이 있나?]

20 년   1일 소득의 10% 금액   원   오늘 지출 금액   원

_____

_____

_____

20 년   1일 소득의 10% 금액   원   오늘 지출 금액   원

_____

_____

_____

20 년   1일 소득의 10% 금액   원   오늘 지출 금액   원

_____

_____

_____

20 년   1일 소득의 10% 금액   원   오늘 지출 금액   원

_____

_____

_____

20 년   1일 소득의 10% 금액   원   오늘 지출 금액   원

_____

_____

_____

314

주식투자에 있어서 '변동성'이란 무엇일까?

20 년 1일 소득의 10% 금액 원 오늘 지출 금액 원

20 년 1일 소득의 10% 금액 원 오늘 지출 금액 원

20 년 1일 소득의 10% 금액 원 오늘 지출 금액 원

20 년 1일 소득의 10% 금액 원 오늘 지출 금액 원

20 년 1일 소득의 10% 금액 원 오늘 지출 금액 원

315

현재 내 자산의 ○○%가
주식이나 펀드에 투자되고 있다.

20	년	1일 소득의 10% 금액	원	오늘 지출 금액	원

20	년	1일 소득의 10% 금액	원	오늘 지출 금액	원

20	년	1일 소득의 10% 금액	원	오늘 지출 금액	원

20	년	1일 소득의 10% 금액	원	오늘 지출 금액	원

20	년	1일 소득의 10% 금액	원	오늘 지출 금액	원

316

연금저축보험과 연금저축펀드의
차이는 무엇일까?

20	년	1일 소득의 10% 금액	원	오늘 지출 금액	원

20	년	1일 소득의 10% 금액	원	오늘 지출 금액	원

20	년	1일 소득의 10% 금액	원	오늘 지출 금액	원

20	년	1일 소득의 10% 금액	원	오늘 지출 금액	원

20	년	1일 소득의 10% 금액	원	오늘 지출 금액	원

317

[가장 친한 친구가 지금까지 모은 돈으로 창업을 하겠다고 한다. 뭐라고 말해줄까?]

20	년	1일 소득의 10% 금액	원	오늘 지출 금액	원

20	년	1일 소득의 10% 금액	원	오늘 지출 금액	원

20	년	1일 소득의 10% 금액	원	오늘 지출 금액	원

20	년	1일 소득의 10% 금액	원	오늘 지출 금액	원

20	년	1일 소득의 10% 금액	원	오늘 지출 금액	원

318

빈부 격차가 심해지는 이유가 무엇일까?

20	년	1일 소득의 10% 금액	원	오늘 지출 금액	원

20	년	1일 소득의 10% 금액	원	오늘 지출 금액	원

20	년	1일 소득의 10% 금액	원	오늘 지출 금액	원

20	년	1일 소득의 10% 금액	원	오늘 지출 금액	원

20	년	1일 소득의 10% 금액	원	오늘 지출 금액	원

319

삼성전자 주식을 살지 안 살지 고민해본 적은?

20 년	1일 소득의 10% 금액	원	오늘 지출 금액	원

20 년	1일 소득의 10% 금액	원	오늘 지출 금액	원

20 년	1일 소득의 10% 금액	원	오늘 지출 금액	원

20 년	1일 소득의 10% 금액	원	오늘 지출 금액	원

20 년	1일 소득의 10% 금액	원	오늘 지출 금액	원

320

사고 싶은 주식을 정하고
1년마다 가격을 확인해보자.

20	년	1일 소득의 10% 금액	원	오늘 지출 금액	원

20	년	1일 소득의 10% 금액	원	오늘 지출 금액	원

20	년	1일 소득의 10% 금액	원	오늘 지출 금액	원

20	년	1일 소득의 10% 금액	원	오늘 지출 금액	원

20	년	1일 소득의 10% 금액	원	오늘 지출 금액	원

321

금융문맹이 주변 사람에 끼치는 악영향은 무엇일까?

20	년	1일 소득의 10% 금액	원	오늘 지출 금액	원

20	년	1일 소득의 10% 금액	원	오늘 지출 금액	원

20	년	1일 소득의 10% 금액	원	오늘 지출 금액	원

20	년	1일 소득의 10% 금액	원	오늘 지출 금액	원

20	년	1일 소득의 10% 금액	원	오늘 지출 금액	원

322

내가 생각하는
가장 좋은 금융 습관은 ○○○이다.

20   년   1일 소득의 10% 금액   원   오늘 지출 금액   원

20   년   1일 소득의 10% 금액   원   오늘 지출 금액   원

20   년   1일 소득의 10% 금액   원   오늘 지출 금액   원

20   년   1일 소득의 10% 금액   원   오늘 지출 금액   원

20   년   1일 소득의 10% 금액   원   오늘 지출 금액   원

서울에서 부산까지 운전을 해서 가다고 생각해보자.
바람이 불어 흔들릴 때도 있고 교통 체증으로 꽉 막힌 구간도 있을 거다.

323

[내가 증권 계좌를 처음 만든 때는?]

20 년   1일 소득의 10% 금액   원   오늘 지출 금액   원

20 년   1일 소득의 10% 금액   원   오늘 지출 금액   원

20 년   1일 소득의 10% 금액   원   오늘 지출 금액   원

20 년   1일 소득의 10% 금액   원   오늘 지출 금액   원

20 년   1일 소득의 10% 금액   원   오늘 지출 금액   원

324

복리란 무엇일까?

20 년   1일 소득의 10% 금액   원   오늘 지출 금액   원

20 년   1일 소득의 10% 금액   원   오늘 지출 금액   원

20 년   1일 소득의 10% 금액   원   오늘 지출 금액   원

20 년   1일 소득의 10% 금액   원   오늘 지출 금액   원

20 년   1일 소득의 10% 금액   원   오늘 지출 금액   원

325

[지금 거래하고 있는
증권사의 매수매도 수수료는 얼마일까?]

20   년   1일 소득의 10% 금액   원   오늘 지출 금액   원

20   년   1일 소득의 10% 금액   원   오늘 지출 금액   원

20   년   1일 소득의 10% 금액   원   오늘 지출 금액   원

20   년   1일 소득의 10% 금액   원   오늘 지출 금액   원

20   년   1일 소득의 10% 금액   원   오늘 지출 금액   원

326

한 기업에 가치투자를 했다. 그런데
세상이 순식간에 변했다. 당신의 선택은?

20	년	1일 소득의 10% 금액	원	오늘 지출 금액	원

20	년	1일 소득의 10% 금액	원	오늘 지출 금액	원

20	년	1일 소득의 10% 금액	원	오늘 지출 금액	원

20	년	1일 소득의 10% 금액	원	오늘 지출 금액	원

20	년	1일 소득의 10% 금액	원	오늘 지출 금액	원

부동산은 자산의 35%가 넘으면 안 된다고 생각한다. 그런데 한국은 자산의 80%가 부동산이다.

327

[나에게 '손절'이란?]

20	년	1일 소득의 10% 금액	원	오늘 지출 금액	원

20	년	1일 소득의 10% 금액	원	오늘 지출 금액	원

20	년	1일 소득의 10% 금액	원	오늘 지출 금액	원

20	년	1일 소득의 10% 금액	원	오늘 지출 금액	원

20	년	1일 소득의 10% 금액	원	오늘 지출 금액	원

육체에는 한계가 있기 때문에 자본이 일하게 해야 한다. 그런데 우리나라는 '열심히 하라'고만 가르친다.

328

[돈이 부족할 때마다 나는 ○○○탓을 한다.]

20 년	1일 소득의 10% 금액	원	오늘 지출 금액	원

20 년	1일 소득의 10% 금액	원	오늘 지출 금액	원

20 년	1일 소득의 10% 금액	원	오늘 지출 금액	원

20 년	1일 소득의 10% 금액	원	오늘 지출 금액	원

20 년	1일 소득의 10% 금액	원	오늘 지출 금액	원

329

지난 3달 동안 소비를 줄여
내가 모은 여유 자금은 ○○○원이다.

20 년	1일 소득의 10% 금액	원	오늘 지출 금액	원

20 년	1일 소득의 10% 금액	원	오늘 지출 금액	원

20 년	1일 소득의 10% 금액	원	오늘 지출 금액	원

20 년	1일 소득의 10% 금액	원	오늘 지출 금액	원

20 년	1일 소득의 10% 금액	원	오늘 지출 금액	원

330

○○○원을 모은다면
가장 먼저 ○○○으로 여행을 가겠다.

20	년	1일 소득의 10% 금액	원	오늘 지출 금액	원

20	년	1일 소득의 10% 금액	원	오늘 지출 금액	원

20	년	1일 소득의 10% 금액	원	오늘 지출 금액	원

20	년	1일 소득의 10% 금액	원	오늘 지출 금액	원

20	년	1일 소득의 10% 금액	원	오늘 지출 금액	원

331

[○○○원을 모은다면
가장 먼저 ○○○의 주식을 사겠다.]

20	년	1일 소득의 10% 금액	원	오늘 지출 금액	원

20	년	1일 소득의 10% 금액	원	오늘 지출 금액	원

20	년	1일 소득의 10% 금액	원	오늘 지출 금액	원.

20	년	1일 소득의 10% 금액	원	오늘 지출 금액	원

20	년	1일 소득의 10% 금액	원	오늘 지출 금액	원

332

마트에 가서 특가 상품 때문에
불필요한 소비를 한 경험은?

20   년   1일 소득의 10% 금액   원   오늘 지출 금액   원

20   년   1일 소득의 10% 금액   원   오늘 지출 금액   원

20   년   1일 소득의 10% 금액   원   오늘 지출 금액   원

20   년   1일 소득의 10% 금액   원   오늘 지출 금액   원

20   년   1일 소득의 10% 금액   원   오늘 지출 금액   원

333

과거에 나는 ○○○면에서 좋지 않은 사람이었다.

20	년	1일 소득의 10% 금액	원	오늘 지출 금액	원

20	년	1일 소득의 10% 금액	원	오늘 지출 금액	원

20	년	1일 소득의 10% 금액	원	오늘 지출 금액	원

20	년	1일 소득의 10% 금액	원	오늘 지출 금액	원

20	년	1일 소득의 10% 금액	원	오늘 지출 금액	원

334

[10년 전으로 다시 돌아간다면
결코 나는 ○○○하지 않겠다.]

20   년   1일 소득의 10% 금액   원   오늘 지출 금액   원

20   년   1일 소득의 10% 금액   원   오늘 지출 금액   원

20   년   1일 소득의 10% 금액   원   오늘 지출 금액   원

20   년   1일 소득의 10% 금액   원   오늘 지출 금액   원

20   년   1일 소득의 10% 금액   원   오늘 지출 금액   원

335

부자가 되고 싶은 사람을 속물이라고 흉본 적은?

20 년	1일 소득의 10% 금액	원	오늘 지출 금액	원

20 년	1일 소득의 10% 금액	원	오늘 지출 금액	원

20 년	1일 소득의 10% 금액	원	오늘 지출 금액	원

20 년	1일 소득의 10% 금액	원	오늘 지출 금액	원

20 년	1일 소득의 10% 금액	원	오늘 지출 금액	원

336

앞으로 1년,
내 투자 방향을 구체적으로 설정해보자.

20   년   1일 소득의 10% 금액   원   오늘 지출 금액   원

20   년   1일 소득의 10% 금액   원   오늘 지출 금액   원

20   년   1일 소득의 10% 금액   원   오늘 지출 금액   원

20   년   1일 소득의 10% 금액   원   오늘 지출 금액   원

20   년   1일 소득의 10% 금액   원   오늘 지출 금액   원

337

1년 전, 나는 ○○○만큼 성장했을 것이라고 생각했다. 지금 내 모습은?

20   년   1일 소득의 10% 금액   원   오늘 지출 금액   원

20   년   1일 소득의 10% 금액   원   오늘 지출 금액   원

20   년   1일 소득의 10% 금액   원   오늘 지출 금액   원

20   년   1일 소득의 10% 금액   원   오늘 지출 금액   원

20   년   1일 소득의 10% 금액   원   오늘 지출 금액   원

338

365일 중, 내게 가장 소중한 날들은 ○○○이다.

20　　년　　1일 소득의 10% 금액　　　　원　오늘 지출 금액　　　원

20　　년　　1일 소득의 10% 금액　　　　원　오늘 지출 금액　　　원

20　　년　　1일 소득의 10% 금액　　　　원　오늘 지출 금액　　　원

20　　년　　1일 소득의 10% 금액　　　　원　오늘 지출 금액　　　원

20　　년　　1일 소득의 10% 금액　　　　원　오늘 지출 금액　　　원

339

신용카드 마일리지 제대로 쓰고 있나?

20 년	1일 소득의 10% 금액	원	오늘 지출 금액	원

20 년	1일 소득의 10% 금액	원	오늘 지출 금액	원

20 년	1일 소득의 10% 금액	원	오늘 지출 금액	원

20 년	1일 소득의 10% 금액	원	오늘 지출 금액	원

20 년	1일 소득의 10% 금액	원	오늘 지출 금액	원

340

내 한 달 수익을 계산해봤을 때,
나는 1시간에 ○○○원을 벌고 있다.

20 년	1일 소득의 10% 금액	원	오늘 지출 금액	원

20 년	1일 소득의 10% 금액	원	오늘 지출 금액	원

20 년	1일 소득의 10% 금액	원	오늘 지출 금액	원

20 년	1일 소득의 10% 금액	원	오늘 지출 금액	원

20 년	1일 소득의 10% 금액	원	오늘 지출 금액	원

341

[내가 좋아하는 투자자는 ○○○이다.]

20	년	1일 소득의 10% 금액	원	오늘 지출 금액	원

20	년	1일 소득의 10% 금액	원	오늘 지출 금액	원

20	년	1일 소득의 10% 금액	원	오늘 지출 금액	원

20	년	1일 소득의 10% 금액	원	오늘 지출 금액	원

20	년	1일 소득의 10% 금액	원	오늘 지출 금액	원

342

[나는 퇴근길(영업을 마감한 후)에
꼭 ○○○에 들린다.]

20 년	1일 소득의 10% 금액	원	오늘 지출 금액	원

20 년	1일 소득의 10% 금액	원	오늘 지출 금액	원

20 년	1일 소득의 10% 금액	원	오늘 지출 금액	원

20 년	1일 소득의 10% 금액	원	오늘 지출 금액	원

20 년	1일 소득의 10% 금액	원	오늘 지출 금액	원

343

[IRP 계좌가 무엇일까?]

20	년	1일 소득의 10% 금액	원	오늘 지출 금액	원

20	년	1일 소득의 10% 금액	원	오늘 지출 금액	원

20	년	1일 소득의 10% 금액	원	오늘 지출 금액	원

20	년	1일 소득의 10% 금액	원	오늘 지출 금액	원

20	년	1일 소득의 10% 금액	원	오늘 지출 금액	원

344

부자가 될 수 없는 DNA가 있다면 어떤 게 있을까?

20 ___ 년   1일 소득의 10% 금액   ___ 원   오늘 지출 금액   ___ 원

_____

_____

20 ___ 년   1일 소득의 10% 금액   ___ 원   오늘 지출 금액   ___ 원

_____

_____

20 ___ 년   1일 소득의 10% 금액   ___ 원   오늘 지출 금액   ___ 원

_____

_____

20 ___ 년   1일 소득의 10% 금액   ___ 원   오늘 지출 금액   ___ 원

_____

_____

20 ___ 년   1일 소득의 10% 금액   ___ 원   오늘 지출 금액   ___ 원

_____

_____

345

[나는 ○○○만큼 부자가 될 수 있다.]

20	년	1일 소득의 10% 금액	원	오늘 지출 금액	원

20	년	1일 소득의 10% 금액	원	오늘 지출 금액	원

20	년	1일 소득의 10% 금액	원	오늘 지출 금액	원

20	년	1일 소득의 10% 금액	원	오늘 지출 금액	원

20	년	1일 소득의 10% 금액	원	오늘 지출 금액	원

346

[왜 우리나라에는
자수성가한 CEO가 별로 없을까?]

20 년 1일 소득의 10% 금액 원 오늘 지출 금액 원

20 년 1일 소득의 10% 금액 원 오늘 지출 금액 원

20 년 1일 소득의 10% 금액 원 오늘 지출 금액 원

20 년 1일 소득의 10% 금액 원 오늘 지출 금액 원

20 년 1일 소득의 10% 금액 원 오늘 지출 금액 원

347

[나는 ○○○을 할 때 가장 신나고 재밌다.]

20 □ 년   1일 소득의 10% 금액   원   오늘 지출 금액   원

_____

_____

_____

20 □ 년   1일 소득의 10% 금액   원   오늘 지출 금액   원

_____

_____

_____

20 □ 년   1일 소득의 10% 금액   원   오늘 지출 금액   원

_____

_____

_____

20 □ 년   1일 소득의 10% 금액   원   오늘 지출 금액   원

_____

_____

_____

20 □ 년   1일 소득의 10% 금액   원   오늘 지출 금액   원

_____

_____

_____

348

노동자이면서 자본가가 될 수 있는 방법은?

20　　년　　1일 소득의 10% 금액　　　　원　오늘 지출 금액　　　원

20　　년　　1일 소득의 10% 금액　　　　원　오늘 지출 금액　　　원

20　　년　　1일 소득의 10% 금액　　　　원　오늘 지출 금액　　　원

20　　년　　1일 소득의 10% 금액　　　　원　오늘 지출 금액　　　원

20　　년　　1일 소득의 10% 금액　　　　원　오늘 지출 금액　　　원

349

[스톡 옵션이란 무엇일까?]

20 년	1일 소득의 10% 금액	원	오늘 지출 금액	원

20 년	1일 소득의 10% 금액	원	오늘 지출 금액	원

20 년	1일 소득의 10% 금액	원	오늘 지출 금액	원

20 년	1일 소득의 10% 금액	원	오늘 지출 금액	원

20 년	1일 소득의 10% 금액	원	오늘 지출 금액	원

350

내 마이너스 통장은 몇 달째 잔고가 ○○○이다.

20 년   1일 소득의 10% 금액   원   오늘 지출 금액   원

20 년   1일 소득의 10% 금액   원   오늘 지출 금액   원

20 년   1일 소득의 10% 금액   원   오늘 지출 금액   원

20 년   1일 소득의 10% 금액   원   오늘 지출 금액   원

20 년   1일 소득의 10% 금액   원   오늘 지출 금액   원

351

[가장 아끼는 사람에게 금융에 관하여
조언해주고 싶은 것이 있다면?]

20   년   1일 소득의 10% 금액   원   오늘 지출 금액   원

_____

_____

_____

20   년   1일 소득의 10% 금액   원   오늘 지출 금액   원

_____

_____

_____

20   년   1일 소득의 10% 금액   원   오늘 지출 금액   원

_____

_____

_____

20   년   1일 소득의 10% 금액   원   오늘 지출 금액   원

_____

_____

_____

20   년   1일 소득의 10% 금액   원   오늘 지출 금액   원

_____

_____

_____

352

내가 과연 부자가 될 수 있을까?

20   년   1일 소득의 10% 금액   원   오늘 지출 금액   원

20   년   1일 소득의 10% 금액   원   오늘 지출 금액   원

20   년   1일 소득의 10% 금액   원   오늘 지출 금액   원

20   년   1일 소득의 10% 금액   원   오늘 지출 금액   원

20   년   1일 소득의 10% 금액   원   오늘 지출 금액   원

353

'오늘부터 당장 시작해도 늦지 않았다'고
나에게 말해보자.

20 　　년　　1일 소득의 10% 금액　　　　원　　오늘 지출 금액　　　　원

20 　　년　　1일 소득의 10% 금액　　　　원　　오늘 지출 금액　　　　원

20 　　년　　1일 소득의 10% 금액　　　　원　　오늘 지출 금액　　　　원

20 　　년　　1일 소득의 10% 금액　　　　원　　오늘 지출 금액　　　　원

20 　　년　　1일 소득의 10% 금액　　　　원　　오늘 지출 금액　　　　원

354

지금 나에게는 ○○○능력이
있기 때문에 부자가 될 수 있다.

20   년   1일 소득의 10% 금액   원   오늘 지출 금액   원

20   년   1일 소득의 10% 금액   원   오늘 지출 금액   원

20   년   1일 소득의 10% 금액   원   오늘 지출 금액   원

20   년   1일 소득의 10% 금액   원   오늘 지출 금액   원

20   년   1일 소득의 10% 금액   원   오늘 지출 금액   원

355

[지난 1년 나는 ○○○원을 쓰고
○○○원을 벌었다.]

20   년   1일 소득의 10% 금액   원   오늘 지출 금액   원

20   년   1일 소득의 10% 금액   원   오늘 지출 금액   원

20   년   1일 소득의 10% 금액   원   오늘 지출 금액   원

20   년   1일 소득의 10% 금액   원   오늘 지출 금액   원

20   년   1일 소득의 10% 금액   원   오늘 지출 금액   원

356

나는 ○○○습관을 버리고
○○○습관을 가지기 시작했다.

[   ]

20   년   1일 소득의 10% 금액   원   오늘 지출 금액   원

20   년   1일 소득의 10% 금액   원   오늘 지출 금액   원

20   년   1일 소득의 10% 금액   원   오늘 지출 금액   원

20   년   1일 소득의 10% 금액   원   오늘 지출 금액   원

20   년   1일 소득의 10% 금액   원   오늘 지출 금액   원

357

[부자가 된다는 것을 실감할 때는?]

20	년	1일 소득의 10% 금액	원	오늘 지출 금액	원

20	년	1일 소득의 10% 금액	원	오늘 지출 금액	원

20	년	1일 소득의 10% 금액	원	오늘 지출 금액	원

20	년	1일 소득의 10% 금액	원	오늘 지출 금액	원

20	년	1일 소득의 10% 금액	원	오늘 지출 금액	원

358

내가 가진 좋지 않은 빛, 얼마나 갚았을까?

20	년	1일 소득의 10% 금액	원	오늘 지출 금액	원

20	년	1일 소득의 10% 금액	원	오늘 지출 금액	원

20	년	1일 소득의 10% 금액	원	오늘 지출 금액	원

20	년	1일 소득의 10% 금액	원	오늘 지출 금액	원

20	년	1일 소득의 10% 금액	원	오늘 지출 금액	원

359

[나는 ○○○기업의 공시를
한 번이라도 찾아 읽은 적이 있다.]

20　　년　　1일 소득의 10% 금액　　　　원　오늘 지출 금액　　　　원

20　　년　　1일 소득의 10% 금액　　　　원　오늘 지출 금액　　　　원

20　　년　　1일 소득의 10% 금액　　　　원　오늘 지출 금액　　　　원

20　　년　　1일 소득의 10% 금액　　　　원　오늘 지출 금액　　　　원

20　　년　　1일 소득의 10% 금액　　　　원　오늘 지출 금액　　　　원

360

집은 평생 죽을 힘을 다해
꼭 '소유해야' 하는 재산일까?

20   년   1일 소득의 10% 금액   원   오늘 지출 금액   원

20   년   1일 소득의 10% 금액   원   오늘 지출 금액   원

20   년   1일 소득의 10% 금액   원   오늘 지출 금액   원

20   년   1일 소득의 10% 금액   원   오늘 지출 금액   원

20   년   1일 소득의 10% 금액   원   오늘 지출 금액   원

361

[지금까지의 습관 중에 ○○○만은
앞으로 결코 하지 않겠다.]

20 　년　　1일 소득의 10% 금액　　　원　오늘 지출 금액　　　원

20 　년　　1일 소득의 10% 금액　　　원　오늘 지출 금액　　　원

20 　년　　1일 소득의 10% 금액　　　원　오늘 지출 금액　　　원

20 　년　　1일 소득의 10% 금액　　　원　오늘 지출 금액　　　원

20 　년　　1일 소득의 10% 금액　　　원　오늘 지출 금액　　　원

362

[나를 긍정적으로 바꿔주는 말이 있다면?]

20 년   1일 소득의 10% 금액   원   오늘 지출 금액   원

20 년   1일 소득의 10% 금액   원   오늘 지출 금액   원

20 년   1일 소득의 10% 금액   원   오늘 지출 금액   원

20 년   1일 소득의 10% 금액   원   오늘 지출 금액   원

20 년   1일 소득의 10% 금액   원   오늘 지출 금액   원

매일 1만 원씩 여유자금을 만들 수 있다.

363

나는 내년에 ○○○원을 모아서
○○○원을 주식이나 펀드에 투자하겠다.

20 년	1일 소득의 10% 금액	원	오늘 지출 금액	원

20 년	1일 소득의 10% 금액	원	오늘 지출 금액	원

20 년	1일 소득의 10% 금액	원	오늘 지출 금액	원

20 년	1일 소득의 10% 금액	원	오늘 지출 금액	원

20 년	1일 소득의 10% 금액	원	오늘 지출 금액	원

364

[1년 후 ○○○만큼
부자가 되었을 나에게 건네는 말은?]

20 년   1일 소득의 10% 금액   원   오늘 지출 금액   원

20 년   1일 소득의 10% 금액   원   오늘 지출 금액   원

20 년   1일 소득의 10% 금액   원   오늘 지출 금액   원

20 년   1일 소득의 10% 금액   원   오늘 지출 금액   원

20 년   1일 소득의 10% 금액   원   오늘 지출 금액   원

긍정적인 마음을 갖고 소비를 줄여 여유자금을 만들자.
그리고 투자하고 기다리자. 누구나 부자가 될 수 있다.

365

지금 내 자산을 구체적으로 밝히자면?

20　　년　　1일 소득의 10% 금액　　　　원　　오늘 지출 금액　　　　원

20　　년　　1일 소득의 10% 금액　　　　원　　오늘 지출 금액　　　　원

20　　년　　1일 소득의 10% 금액　　　　원　　오늘 지출 금액　　　　원

20　　년　　1일 소득의 10% 금액　　　　원　　오늘 지출 금액　　　　원

20　　년　　1일 소득의 10% 금액　　　　원　　오늘 지출 금액　　　　원

나의 자산 / 부채 현황
My Financial Status
5년 동안, 어떤 소비를 했는지 어떻게 투자를 했는지
그 변화를 확인하세요

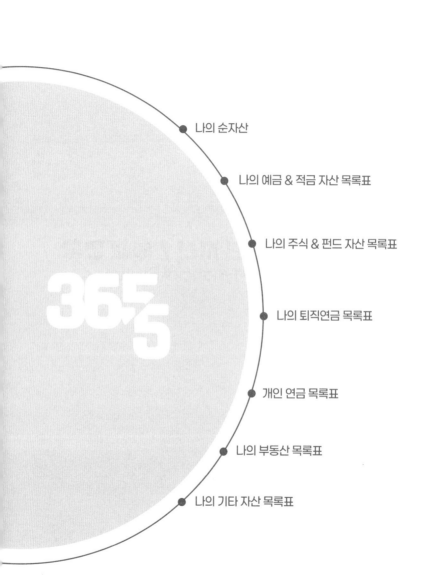

365
5

나의 순자산
My Net Worth

[금융자산]

예금/적금	주식/펀드	퇴직연금	개인연금/IRP	보험
➕ 원	➕ 원	➕ 원	➕ 원	원

	Total	원 [%]

[부동산]

	Total	원 [%]

[부채]

	Total	원 [%]

[기타]

	Total	원 [%]

나의 순자산
Net Asset Value

원 [%]

나의 예금 & 적금 자산 목록표

은행명	계좌번호	예금 / 적금	금액
		예금 / 적금	
		예금 / 적금	
		예금 / 적금	
		예금 / 적금	
		예금 / 적금	
		예금 / 적금	
		예금 / 적금	
		예금 / 적금	
		예금 / 적금	
		예금 / 적금	
		예금 / 적금	
		예금 / 적금	

총 금액 Total   원

나의 주식 & 펀드 자산 목록표

[은행]

은행명	펀드명	좌수 가격	좌수	금액
			Total	원

[증권사]

증권사	주식/ 펀드명	주당/좌수가격	주식수/ 좌수	금액
			Total	원

[자산운용사]

자산운용사	주식/ 펀드명	주당/좌수가격	주식수/ 좌수	금액
			Total	원

총 금액 Grand Total   원

나의 퇴직연금 목록표

[퇴직연금 DC형]

사업자	상품 / 펀드명	금액
	Total	원

[퇴직연금 DB형]

개요	현재 퇴직금 추정 금액
	Total	원

총 금액 Total   원

개인 연금 목록표 (연금저축펀드 / IRP)

[연금 저축 보험]

보험 회사	증권 번호	금액
	Total	원

[연금 저축 펀드]

자산운용사	펀드명	금액
	Total	원

[IRP Individual Retirement Pension]

사업자	상품 / 펀드명	금액
	Total	원

총 금액 Total   원

나의 부동산 목록표

[부동산 거주용]

주소	시가	담보 대출	순자산 가치
		Total	원

[부동산 투자용]

주소	시가	담보 대출	순자산 가치
		Total	원

총 금액 Total   원

나의 기타 자산 목록표

종류	금액

총 금액 Total   원

나의 생각 기록표

JOHN LEE 존 리

저자인 존 리가 2014년 미국생활을 접고 귀국길에 오른 이
유는 두 가지다. 미국에서 배운 선진국의 경영철학과 그
의 소신을 접목한 혁신적인 리더십이 기업을 어떻게 변화
시킬 수 있는지 보여주고 싶었기 때문이고 다른 한 가지
는 해외에서 활동하면서 키운 투자신념과 교육철학을 가
능한 한 많은 사람과 공유하며 보다 많은 사람들이 부자
가 되는 것을 도와주기 위함이다.

그는 메리츠자산운용 대표를 맡은 이후 한국의 투자문화
변화를 주도하고 있다. 주식투자에 대한 잘못된 인식을
바꾸기 위해 버스 투어를 진행하여 5년여 간 약 1,000여
건의 강의를 통해 4만여 명을 만났고, 유튜브를 개설하여
각계각층의 사람들에게 금융문맹 탈피를 설파하고 있다.
국내 운용사 최초로 휴대폰 앱을 통한 비대면 계좌 개설
및 펀드 투자를 가능하게 했으며, 펀드 보수체계도 고객
에게 훨씬 유리한 방향으로 조정하였다. 연금저축펀드의
중요성을 강조하고 하루 만 원으로 시작할 수 있는 매일
적립식 투자 시스템과 가족과 친구에게 펀드를 선물할 수
있는 시스템도 만들었다. 아이들이 실제로 투자를 경험
해볼 수 있는 주니어펀드 투자클럽과 주부들의 금융문맹
탈출을 돕기 위해 주부투자클럽을 운용하고 있으며, 금
융지식을 쌓고 주변에 전파하는 앰배서더 제도를 시작하
였다. 저자는 월가의 중심에서 오랫동안 펀드매니저로서
일하면서 쌓은 경험과 철학을 모국의 투자자들에게 전해
주는 것이 자신의 소명이라고 말한다. 저서에는 『왜 주식
인가』, 『엄마, 주식 사주세요』, 『존리의 부자되기 습관』, 『존
리의 금융문맹 탈출』이 있다.

존리의 부자 되기 a QUESTION DAY a DAY

초판 1쇄 인쇄 2021년 1월 8일
초판 1쇄 발행 2021년 1월 20일

지은이 존 리
펴낸이 권기대

총괄이사 배혜진
편집팀 백상웅, 한가희, 송재우
디자인팀 김창민
마케팅 황명석, 연병선
경영지원 설용화
디자인 정진선

펴낸곳 베가북스 **출판등록** 2004년 9월 22일 제2015-000046호
주소 (07269) 서울특별시 영등포구 양산로3길 9, 2층
주문·문의 전화 (02)322-7241 팩스 (02)322-7242

ISBN 979-11-90242-70-7

* 책값은 뒤표지에 있습니다.
* 잘못된 책은 구입하신 서점에서 바꾸어 드립니다.
* 좋은 책을 만드는 것은 바로 독자 여러분입니다.
  베가북스는 독자 의견에 항상 귀를 기울입니다. 베가북스의 문은 항상 열려 있습니다.
  원고 투고 또는 문의사항은 vega7241@naver.com으로 보내주시기 바랍니다.
* 베가북스에 대한 더 많은 정보가 필요하신 분은 홈페이지를 방문해주시기 바랍니다.

vegabooks@naver.com www.vegabooks.co.kr
 http://blog.naver.com/vegabooks vegabooks VegaBooksCo